I0141221

Делиша Доон

по действителен случай

Американката вече не мълчи

Благодаря Ти за всички чудесни години. Преди да Те срещна, се чувствах невидима. Сега се виждам и вече не мълча ...

Тази книга представя динамичен поглед към живота на една американка. Разказани са подробности от нейните преживявания и сблъсъци, обяснени са причините и последствията от насилието в живота ѝ, по-специално от семейното насилие. Историята облекчава незаслужения срам на жертвите на тормоз.

deliciadawnpublishing! Всички права запазени. Авторско право © 2005 Делиша Доон
ISBN-978-0-9766250-1-8 *Всички права запазени.*

Съдържание

Посвещение

Тази книга е написана в памет на всички жени и деца, които вече не са между нас. Повечето от тях са страдали и починали мълчаливо. Сълзите и писъците им са били част от порочния кръг на насилието, от който им се е струвало, че не могат да избягат.

Посвещавам историята на моя живот на читателя с много любов. Подарявам Ви определена част от житейския си път – тази, която ще Ви помогне да преодолеете тормоза, да продължите напред и да постигнете победа. Животът е добър учител. Чрез самопознание, молитва, вяра и любов можем да променим съдбите си.

На моя Господ и Спасител, Всемогъщия Бог на вселената! Боже, Ти ме направи силна. Сега виждам себе си такава, каквато съм – една корава жена.

На синовете ми Джейсън, Брайсън и Пейтън – моля ви за прошка. Въпреки че в началото имаме желание да сме идеални майки, стресът изсмуква от нас най-доброто, на което сме способни. Толкова съжалявам за всеки един момент, в който сте изпитвали страх или тревога. Простете ми за всеки път, когато не съм ви опазвала или не съм се погрижвала за вас така, както една добра майка би го направила. Тази книга е за вас.

Бих искала да поднеса благодарностите си на своите родители, затова че, докато минавах през предизвикателствата на живота, ме научиха да бъда независима, като разчитам най-вече на Бог.

На всички, злоупотребили с мен – прощавам ви. Не мога да забравя, но ви прощавам.

И накрая - на съпруга ми, който ми помогна да видя най-лошото в съвсем реалистични краски, но също и да вярвам в най-доброто. Посвещавам ти тази книга с много обич.

Сътрудници

Константин Кръстев - преводач

Учител от България, който е работил в сферата на средното образование. В момента живее в Пловдив, България, със съпругата си. В живота си е започнал да твори много рано, може би на 8-9 годишна възраст, като е писал приказки, а на малко по-късен етап и поезия. Като юноша е правил опити за превод на произведенията както на британски, така и на американски автори. През двадесетте си години е участвал в публикуването на две християнски вдъхновяващи книги от Малкълм Уебър - „Наслаждавай Му се завинаги" и „Божията кръв". Има бакалавърска степен по *Английска филология* и магистърска – по *Американска литература и култура*.

Елена Кънчева – редактор на българското издание

Работи като преводач и редактор. Завършила е *Френска филология* с втора специалност *Българска филология* в СУ „Св. Климент Охридски" и е магистър по *Френски език и литература* от Новата Сорбона в Париж.

Илия К. Кузев - редактор

Илия Кузев е роден в гр. Пловдив, България, където завършва образованието си и започва свой бизнес след падането на комунизма. Авантюризмът му го отвежда в Съединените щати през 1990 г., където най-напред живее в Ню Йорк Сити (щата Ню Йорк), а след това в Солт Лейк Сити (щата Юта) и в Сан Антонио (щата Тексас). В момента живее в източен Тексас. 25 години след пристигането си в САЩ той вече е специалист по американска народопсихология и по говорим американски английски, който е различен от формалния писмен (литературен) английски език. Също така е и активен защитник на човешките права.

Елен Колева - актриса

Насилието е безпомощност, зов, но по един жесток и грозен начин! Насилникът страда и причинява страдание! Тъжно, но факт! Насилието може да бъде спряно само с любов!

Мариана Праматарова - адвокат

Книгата на Делиша Доон е едно дълго извървяно пътуване в посоката на линия на времето и личността. Информацията идва от миналото и се развива във времето. Авторката наблюдава миналото, настоящето и планира бъдещето - от миналото черпи информация, умения, знания, които ресурси структурира в настоящето с планиране на бъдещето. Ценен ресурс се явява горчивият ѝ опит, който има като жена, пострадала от домашно насилие. Преодолявайки страха и зависимостта, тя достига своето интелектуално и емоционално осъзнаване, което ѝ помага да сподели проблема с по-широка аудитория. В книгата се изяснява колко опасно е да напуснеш домашен насилник и колко важно е общуването без агресия в един свят, доминиран от агресия и насилие. Ахилесовата пета в нашето общество са връзките - връзката е вид конфликт и зависимост. Никой друг, освен самите ние, не може да ни даде щастие, любов и свобода. Освобождавайки информацията за преживяното, Делиша Доон се надява да помогне на много пострадали жени и деца. Опитът се запомня, моделите от семейството се повтарят във връзките. Поздравявам авторката за куража, който има да сподели преживяното. Книгата ѝ доказва, че жените по света имат едни и същи проблеми, независимо дали живеят в Европа, САЩ, Африка, Азия или Латинска Америка. Домашното насилие е световен проблем и отговорност на всички. Досега всички предприети мерки и приложимото право на държавите-членки на Европейския съюз са били неуспешни по отношение на прекратяването на домашното насилие над жени, затова на европейско ниво се подготвя законодателство за борба с насилието над жени. В България домашното насилие не е инкриминирано, което обстоятелство допринася за увеличаване на тежките престъпления срещу жени. Книгата, независимо от жанра и стилистиката, може да се обобщи като „Женски съдби" и би била интересна и четивна за широк кръг читатели.

Адвокат Мариана Праматарова е специалист по проблемите на домашното насилие. Специализирала е по програма за правата на човека към Европейския съд по правата на човека – Страсбург. Автор е на първата книга „Домашното насилие" в Република България. Живее и работи в град Бургас, България, Европа.

Екатерина Райчева – редактор

Завършила е *Френска филология* в СУ „Св.Климент Охридски" с магистратура *Превод* към НБУ – профил *Френски и английски език*. По време на специализацията си е превеждала документални филми, художествена литература и публицистични текстове. В момента работи като преводач, занимавайки се междувременно и с редакторска дейност.

Включих се в проекта на Делиша на по-късен етап и веднага съжалих, че не съм го направила по-рано. Книгата ме грабна още с първите си редове. Казах си: „Това е нещо различно!". Отдавна не бях чела подобно повествование, написано от душата, преживяно пълнокръвно и предаващо такова силно и въздействащо послание на надежда към хората, станали жертва на домашно насилие и към техните близки. Възхищавам се на искреността, с която авторката разказва личната си история, на експертизата й в областта на психологията, на завладяващия начин, по който тя ни разкрива многопластовото значение на термина „домашно насилие". Дава ни и конкретни примери как да забележим първите му признаци. Всеки от нас се е сблъсквал с този проблем под една или друга форма или живее с него цял живот. Тази книга е наръчник за справяне с омагьосания кръг на домашното насилие - не само физическо, но и психоемоционално. Личната история на авторката ни дава усещането и увереността, че в края на всеки тъмен тунел има светлина и въпреки че не я виждаме в началото, тя винаги е там. Нейното послание към нас е, че колкото и да ни е трудно, просто трябва да вървим напред в тъмния тунел, за да излезем „на светло". Постигнала високо ниво на самопознание, Делиша Доон ни учи, че за да продължим да живеем с увереност и сила, първо трябва да се съпротивим на поражението вътре в себе си. Едно полезно и поучително четиво, с което всяка българска жена трябва да се запознае.

Предговор от автора

Какво представлява насилието? Защо жените не прекъсват една връзка при наличие на тормоз в нея? Какво казва Библията за насилието? Какво значение има културната среда за тормоза вкъщи? Малтретирането любовна игра ли е?

Настоящата ми книга описва моя житейския път. В нея аз съм се опитала да дам отговори на тези и на други въпроси, позовавайки се на личния си опит и академичното си образование, на молитвата, вярата и любовта.

Най-напред бях решила да напиша тази книга като наръчник, даващ насоки "как да се измъкнем от връзка, изпълнена с насилие". Знаех, че не мога да разкрия истината на други, ако най-напред не съм готова да я приема за себе си. Да разкажа личната си история се оказа по-важно за мен, отколкото си мислех първоначално - истината ни прави свободни. Свободни да не крием повече истинската си същност. Освободени от всякакъв неоснователен срам. Подредих в хронологичен ред събитията и преживяванията си от един дълъг 25-годишен период от живота ми. Това само по себе си е опасно. Представете си, че Вашият насилник чете за всичко, което сте понесли от ръката му. Представете си, че се захващате с разнищване на причините за наличие на угнетители в живота Ви, а след това разкривате всички неудобни подробности пред света. Мога да потвърдя, че наистина понякога ние не осъзнаваме колко голяма тежест носим, докато тя не бъде свалена от гърбовете ни.

Надеждата ми е, че чрез моята история, съпроводена от научно-популярни разяснения на този вид проблеми, читателят ще получи подкрепа, насърчение и помощ, за да осъзнае, че не е сам в борбата си. Няма нищо по-обогатяващо от разказана действителна история. Простичките духовни принципи в книгата карат читателя да размишлява върху хармонията, за която всички ние копнеем в живота.

При посещението ми в България ми се стори, че чувам ехо от сподавени викове на множество сърца и души, изпитващи болка. Мисля, че Бог ми е поверил мисията да насоча общественото внимание към тези хора, да помогна на пострадалите български жени да говорят и да бъдат чувани!

Като американка аз живея в страна, в която правата на жените са издигнати на пиедестал. Изглежда, че началото на равноправието между половете е било положено през 80-те години на XIX век в много страни, включително и в България с Българския женски съюз. Но това, което повечето хора не осъзнават, е, че Исус е предвестникът на каузата за правата на жените. В район, където духовните водачи рядко са говорели с жени, Исус го е правел. Ето защо бих дала следното подзаглавие на тази книга: "Съвременна версия на историята на самарянката". Това е жената, която Исус е срещнал при кладенеца.

Това е първият и единствен път преди процеса, когато Исус е разкрил, че Той наистина е Месията. Исус ѝ е дал правото да беседва с Него, да говори. И тя го е направила, а след това е разказала на всички за евреина, който е познал всяка нейна мисъл, както и че Той е Месията! Тази прекрасна фигура в библейската история е представена просто като "самарянката". Каква чудесна история за жена, която говори откровено. И все пак много от гласовете на жените днес не са чувани. Аз съм тук, за да Ви кажа, че Ви чувам.

Тази книга извира направо от сърцето ми. Изследването на дълбините на собственото ми сърце ми причини много болка, но ми донесе и голямо облекчение. Как съм разцъфтяла в разгара на трагедиите? Станах дете на Бога. В Божиите ръце злото, което някои хора искат да ни причинят, се превръща в добро. Чувствам, че тази книга има потенциала да промени животите на много хора. Особено съм горда, че Бог ме е благословил с дарбата да предам на читателите си посланието за **оцеляване, устояване и спасение**. Тези понятия са свързани с много теми, сред които са: самоуважението, любовта, доверието, предателството, престъпленията, несходството в характерите, порнографията, секс трафикът, сексуалното насилие, домашното насилие, преследването, спасението, духовното пътуване, здравето, финансите, хобитата, приятелите, динамиката в семейството, културата, класовото разделение, простителността. Също и пристрастяванията, посттравматичното стресово разстройство, депресията, серийната моногамия, борбите, изоставянето.

Бих искала да изразя признателността си към синовете ми Джейсън, Брайсън и Пейтън. Благодарна съм и съпруга ми Илия К. Кузев, който ми засвидетелства любов и преданост през многото безсънни нощи, които бяха необходими за написването на тази книга.

Българският ми екип: моят брат в Христа и талантлив преводач Константин Кръстев; моята сестра в Христа и забележителен редактор на българския превод Елена Кънчева. Без Вашето участие този проект щеше да си остане само една мечта. Бог имаше план и ние заедно го осъществихме. Благодаря Ви от цялото си сърце.

"Американката вече не мълчи" е книга, написана в хронологичен ред. Подробните ми спомени за някои събития понякога забавят повествованието. Но това е с цел да предадат здравословни послания като например колко благотворно е взаимооношението ни с нашия Създател, да Ви запознаят с научни факти от психологията, с физиологичните последствия от насилието, социологическата динамика и начините за обществена промяна.

Бих искала да накарам читателя да достигне подсъзнателните си мисли, да погледне на себе си не като на жертва, а като на герой! Мечтите на пострадалите от тормоз са били разрушени. Сърцата им са разкъсани на милиони парченца. Всички знаем, че разбитото сърце е сляпо. Човек намира утеха, когато престане да мълчи. Споделянето на нашата истина ни дарява със сила на духа. А всичко започва, когато започнеш да виждаш себе си не като жертва, а като герой!

Така че рецептата, която бих написала на пострадалите, е да си доставят **радост**. Ако такъв човек успее да се отдаде на занимания, които му доставят радост, в продължение на поне десет минути на ден, това е значителен напредък за него. Очите му започват да виждат, умът му се насочва към спасителни мисли на вяра, той започва да мисли по-оптимистично и да постъпва по-правилно.

Ние би трябвало да **изберем** да се чувстваме по-добре, да имаме по-добри неща, да живеем по-добре. Така ще постигнем живота, който заслужаваме. Всичко опира до избора.

И така, с тази книга аз Ви правя един от най-големите подаръци, които бих могла да дам на някого: моето личностно развитие. Но за да промените положението си, трябва най-напред да решите, че сте се уморили от настоящата си ситуация.

Предисловие от редактора

Когато научих за проекта на Делиша Доон срещу домашното насилие, си помислих, че този вид проблеми не засягат моя личен живот. Но четейки книгата ѝ, имах чувството, че разпознавам собствените си преживявания в нея. Макар и жизненият път на авторката да е много по-различен от моя, аз откривам много общи моменти между нейното и моето личностно съзряване. В това се състои майсторството ѝ на разказвач – личната ѝ история се превръща в изложение, в което всяка жена може да открие нещо за себе си. Проблемът „домашно насилие" не се изчерпва само с физическите му измерения. В качеството си на психологически консултант Делиша Доон дава многостранно и изчерпателно определение на това явление. Така аз открих, че угнетяването присъства и в собствения ми живот в неподозирани форми. Книгата се превърна в терапия за самата мен. В нея аз намерих отговори на много въпроси, които отдавна си задавах. Намерих и потвърждения на определени свои предположения, което ми даде сигурност в позицията ми по тези въпроси. Също така ми вдъхна увереност да се боря за своите собствени каузи с обществена значимост. Да, историята на Делиша Доон ме дари с криле, изпълвайки ме със смелост да полетя и да изпълня Божия план за живота си. Защото е **вдъхновяваща**.

Авторката не само е квалифициран съветник по психично здраве, но има и безспорен талант на психолог и психоаналитик. Образованието ѝ, в съчетание с житейския ѝ опит, я правят изключително добър личен треньор. Постигнала е забележителна степен на осъзнатост на чувствата, мислите и реакциите си. А оттам и на тези на Другия. Това я превръща в незаменим помощник на пострадали от всякакъв вид тормоз. Личната ѝ история е придружена със сериозна, но увлекателно поднесена психологическа, медицинска и социологическа научна информация. Делиша Доон несъмнено е даровит изследовател и автор на научно-популярна психологическа литература.

Писателката издирва и проучва причините за насилническото поведение и корените на примиряването с него, тенденцията към възпроизвеждането на тези два типа поведение във всяко следващо поколение. Произведението също ни подсказва начини, чрез които да разчупим омагьосания кръг на негативната повтаряемост в собствените ни животи.

Да, вярата в Бог е оказала огромно влияние в разчупването на порочния кръг на насилието в живота ѝ. Но вярата на Делиша е различна от повърхностните религиозни предразсъдъци на някои протестантски общности. Нейната вяра е лична, искрена, дълбока връзка със Създателя, която я кара да осъзнае своята скъпоценност като личност, достойна за уважение, като единствен Божествен отпечатък, неповторим в цялата вечност. Това ѝ дава сили да се бори и да отстоява себе си, включително и срещу пуританските предубеждения и заблуди.

Авторката наистина ни прави невероятен подарък, доверявайки ни истинската си история и тайни. Повечето хора около нас носят маски, зад които крият своята същност, проблеми, житейски уроци и крехко его. Правят го от срам, за да се предпазят, за да не загубят уважението на хората и да не бъдат наранени. Делиша Доон притежава изключителната смелост и сила да се изправи срещу това предизвикателство. Тя е готова да плати тази висока цена, да направи тази жертва, за да ни подари една рядка скъпоценност - житейската мъдрост, придобита от опита ѝ. Читателят действително е изключително привилегирован да бъде допуснат в интимния приятелски кръг на една американка от щатския Юг, да бъде обогатен от опознаването на една интересна личност и на една далечна култура. Автори на романите са просто хора, а **автор на истинските истории е самият Бог.**

Книгата на Делиша Доон е оптимистична, обнадеждаваща, позитивна, вдъхваща вяра, жизнеутвърждаваща психотерапия за широк кръг читатели. Тя представлява един наръчник за себепознание и самопомощ – достоен последовател на приложната психология на Уейн Дайър.

Желая Ви приятно четене!

Елена Кънчева - редактор на българското издание

Увод

Книгата е написана с цел моя личностен растеж и с надеждата историята ми да помогне на жените и децата, преживели емоционален и физически тормоз. Надявам се, че ще съдействам на тези, които са претърпели насилие в миналото, да продължат напред в живота. Това да си в плен на миналото си е често срещано явление. Миналото е нещо, което не можем да променим. Ние имаме отговорността да живеем в настоящето, а то може да бъде засенчено от болезнени спомени. Спомените, които идват и си отиват без наше позволение, могат да повлияят на бъдещите ни решения. Когато чуем понятието „посттравматично психично разстройство" (ППР), повечето от нас веднага се сещат за хора, които са служили в армията или са били на война. Е, аз съм тук, за да Ви кажа, че в семейства, в които е преобладавало или преобладава насилие, е налице война. Проблемът, който имаме при домашното насилие, се състои в това, че войникът в случая познава врага си. Врагът идва добре предрешен. Той е човек, от когото очакваме, че ще обича и закриля. Животът ни се превръща в едно влакче на ужасите, което постоянно се движи нагоре-надолу, като човек никога не знае какво ще последва. Ние постоянно търсим и копнеем за любов и приемане без значение колко повредена може да е „пратката". Тази книга е отражение на моя житейски път и моите преживявания по време на изграждането ми като личност. Надявам се, че моят процес на изцеление ще Ви открие начини за Вашето собствено изцеление и възможности за личностното Ви израстване. Можете да се научите да се чувствате достойна, силна, като отново помислите за себе си. Изпитайте свободата на това да откриете живот на мир със себе си. За да направим нещо подобно, трябва да се върнем назад в живота си и да се отучим от определени навици, които сме развили в детството. Те са се проявявали по много начини. Моите преживявания и среда може да се различават от Вашите, но ще установите, че общата връзка помежду им е страхът, а емоционалната болка от миналото се е отразила на спонтанните Ви чувства в настоящето. Да, процесът на възстановяване е труден и няма веднага да промени поведението Ви от миналото. Тези навици и модели на поведение просто са начини, по които човек се мъчи да предпази себе си, без значение дали е вследствие на физическо, емоционално или сексуално насилие, или дори отхвърляне. Този начин на мислене е заключен вътре в ума ни, докато нещо не окаже влияние на спонтанната ни реакция спрямо насилието. Подобни несъзнателни реакции могат да се проявят под много различни форми. Ще откриете, че страхът често предизвиква наркомания, алкохолизъм, преяждане и работохолизъм. И все пак, поглеждайки към миналото, можем просто да си помогнем, като се запознаем с моделите на поведение, способни да саботират бъдещето ни. Всички сме създания с определни навици; въпреки това трябва да променим някои от навиците си.

Част I

Семейни периоди

Сядала ли сте някога с възрастен човек на разговор за живота? Може дори да разсъждава над своя живот с албум стари снимки в ръка. Ще забележите изрази като: „Сякаш беше вчера...", „Животът минава толкова бързо!" и стария, но хубав израз: „Къде отлетяха годините?". Възрастните хора трябва да се изслушват. В побелялата коса има мъдрост, както казват хората. Въпреки че моята коса още не е побеляла, бих искала открито и честно да споделя живота си. Най-напред бих искала да Ви кажа: Вие сте скъпоценна и обичана. Не знам каква лъжа са Ви казали, но Вие сте страхотна! Исус Ви обича. Всички сме равни в Божиите очи. Всички сме Божии създания. Не сме съвършени, хора сме. Всички ние правим грешки. Ако има едно нещо, което бих искала да научите и приемете в ума и сърцето си, то това е факта, че няма нужда да сме безгрешни, за да имаме човешко достойнство. Повтарям, че нищо, нищо, което сте направила или сте можела, не дава право на човек да Ви бие, да Ви блъска, бута или наранява по някакъв начин. Хората винаги имат възможността да си тръгнат, а и при Вас е така.

Чрез моите лични преживявания и приемането на Бог аз започнах да изграждам и подобрявам своето самочувствие и самоуважение. Трябва да кажа, че това не е лесен процес и няма да стане за един ден. Като начало започнете да прилагате идеите ми в няколко направления, като практикувате грижа за себе си: добре изградени хранителни навици, физически упражнения, наблюдение от лекар и накрая внимание към себе си в духовен, емоционален и социален план. Счетох за необходимо да подчертая някои ключови аспекти от грижата за себе си, която може би е била пренебрегвана в миналото. Искам да споделя с Вас стъпките, които ми помогнаха да превъзмогна години на насилие и малтретиране.

Човешки права

В Америка като че ли зачитаме повече правата на животните, отколкото човешките права. Това може да се забележи във всички приюти за животни в САЩ. Хуманитарното общество на Съединените щати е преброило 3 500 работещи приюта за животни през ноември, 2009 г. През 1997 г. е имало само 1 008 приюта, според данни за Американския национален съвет за изследване и проблеми на домашните любимци. Това означава двойно увеличаване на приютите за животни през последните 13 години. Моля, не ме разбирайте погрешно, аз много обичам животните! В момента имам пет кучета и две мини понита. Просто излагам факти за отчитане. Домашното насилие е престъпление, което се случва редовно, със склонност да се повтаря. Трябва да признаем нуждата от преосмисляне на приоритетите ни.

• 1 637 приюта за пострадали при домашно насилие в САЩ

- 1 612 приюта в континенталната част на САЩ

- 8 приюта на Хаваите

- 17 приюта в Аляска

- 8 приюта за пострадали при домашно насилие в САЩ

- 2 приюта на Вирджинските острови

- 6 приюта в Пуерто Рико

Домашното насилие причинява душевно лутане, изпадане от една крайност в друга. В началото любовта е като в приказка, а се стига до ужасен страх и болка. Реших да опиша някои от преживяванията си, за да видите, че не сте сама. Разбирам това, през което Вие преминавате, както и това, през което сте минала. Заедно ще изследваме какви са възможностите. Ако Вие не прекъснете порочния кръг, никой няма да го направи. След двадесет години Вашите деца ще повтарят същия порочен кръг на малтретиране. Ще повторят същите неща в своите взаимоотношения, защото това ще е единственото, с което са запознати. Това са „навиците“, които заедно ще разнищим и преобразим. Силата е вътре в нас, за да прекъсне този омагьосан кръг на насилие. Можете да си създадете един нов здравословен начин на живот, който не само ще промени Вашето бъдеще, но и бъдещето на децата Ви.

Ето малко статистика за Съединените американски щати:

☐ На всеки 9 секунди в Щатите някоя жена бива насилвана или пребивана.

☐ По света поне една от три жени е пребивана,

принуждавана да прави секс насила или малтретирана по някакъв друг начин. Най-често се случва насилникът да е от нейното семейство.

☐ Домашното насилие е водеща причина за травми при жените – повече от катастрофите, грабежите и изнасилванията, взети заедно.

☐ Изследванията показват, че всяка година около 10 милиона деца стават свидетели на някаква форма на домашно насилие.

☐ Близо една от пет тийнейджърки, която е имала някаква връзка с момче, съобщава, че приятелят ѝ я е заплашвал с физическа саморазправа или самонараняване, ако тя иска да разтрогне връзката.

☐ Всеки ден в САЩ над три жени загубват живота си, като биват убивани от съпрузите или приятелите си.

☐ Деветдесет и два процента от анкетираните жени са посочили домашното и сексуалното насилие като свой най-голям проблем.

☐ Жертвите на домашно насилие пропускат общо 8 милиона дни платена работа годишно само в САЩ - равносилно на 32 000 работни места на пълен работен ден.

☐ На базата на доклади от 10 страни, между 55 и 95 процента от жените, физически насилвани от партньорите си, никога не са търсили помощ от неправителствени организации, приюти или полиция.

☐ Цената на насилието от най-близкия човек само в САЩ надвишава 5,8 милиарда долара годишно: 4,1 милиона отиват за лекарства и здравни услуги, докато загубите в производителността са в размер на почти 1,8 милиарда долара.

☐ При мъже, които в детска възраст са ставали свидетели на домашно насилие в родния си дом, има два пъти по-голяма вероятност да прибягнат до насилие спрямо съпругите си, отколкото при такива, израснали в спокойни домове.

Когато самата Вие живеете в цикъл на повтарящо се насилие, може да не осъзнавате колко лошо влияние оказва то, докато не погледнете вътре в себе си. Това е като кошмар, от който не можете да се събудите. Чувствате се като затворничка в собствения си живот! Вие ли сте тази жена? Чувствате ли се като дете, което моли за разрешение да бъде себе си. Да си отговори на въпроса: „Кое е правилно и неправилно в живота?". Това е една от най-трудните крачки в житейския Ви път, които ще трябва да направите. Вече нямате и представа кое е Вашето истинско „аз". Повярвайте ми, познавам тази болка. Аз постоянно се лутах в такива мисли. Умът ми непрекъснато търсеше начин за постигане на мир в дома ми. Един дом, в който моето мнение, чувства, мисли и гледна точка никога не са означавали нищо.

Направете преоценка на живота си

Новите Ви цели и начин на мислене ще започнат да възвръщат Ваши надежди и мечти, с които отдавна сте се простила. Имайте предвид, че Вие не само ще отваряте очите си за един нов живот, но и очите на децата Ви ще започнат да излъчват светлина, докато тъмнината на отчаянието отстъпва. Това е бавен процес, като започване на едно ново взаимоотношение. Но Вие сте човекът, който започва да опознава себе си. Знам, че звучи малко странно, но тези стъпки ще донесат положителна промяна. Промяна, която ще преобрази живота Ви! Ще разкажа подробности от моя живот, за да Ви помогна да намерите свои практични начини за разпознаване на отрицателните и хаотични поведенчески модели. Това ще Ви помогне да се справите със срама, гнева, мъката. Искам да Ви помогна да излезете от цикличното насилие. Ще започнете да се сбогувате с миналото и ще намерите в себе си една духовно, емоционално и физически здрава жена. Не се обезсърчавайте. В историите ми ще видите, че съм правила много грешки. Избрах да ги нарека „основа на състоянието си днес". Трябва да изчакате да мине известно време, докато намерите пътя си. Бъдете търпелива! Нетърпението може сериозно да навреди на успеха Ви. Бъдете смела и опознайте собствените си възможности и граници.

Четейки тази книга, Вие не просто ще станете силна. Тя

ще Ви накара да погледнете сериозно и откровено на себе си и на ситуацията си. Тази книга сама по себе си няма да Ви спести битката.

Ще се научите на необходимото от изложената теза и се надявам, че ще споделите с околните надеждите и проблемите си. Тази книга е само първата стъпка. Ще Ви е нужен кръг от приятели, които да Ви помогнат с подкрепа, докато се подготвяте за новия си живот. Родният дом не винаги е най-доброто място, където да получите разбирането, от което се нуждаете. Понякога семейството Ви може да отрече или дори да отхвърли факта, че у дома е налице криза. Дори някои от тях може да обвинят Вас за това! Трябва да отидете другаде или да се срещнете с някого, с когото можете да бъдете напълно открита и искрена - човек, който няма допирни точки с образа Ви, изграден в семейството. Тази промяна в живота   Ви изисква времето и пълното Ви посвещение.

Фаза на медения месец или фаза на съблазняването

В основата на домашното насилие е убеждението на насилника, че той има власт над своя партньор /своята жертва/. Осмислянето на този факт ни показва, че извършителите не просто „прещракват" или губят контрол. Насилието им ескалира, като съвестта им се притъпява все повече. Твърде често жертвите може да се поколебаят дали да се свържат с полицията по много причини: страх от отмъщение от страна на насилника, несигурност от загуба на дохода му, привързаност към насилника или дългогодишна връзка с него. Обаче нито една жертва не трябва да страда мълчаливо.

Вероятно сте си казвала: „Не е толкова лош", „Винаги се извинява", „Идва за вечеря с цветя" и естествено, винаги го има онова „нежно ухажване". Това е т. нар. „фаза на медения месец" или „фаза на съблазняването". Това са моменти, когато мъжът до Вас се държи като мъжа, в когото сте се влюбила. Той Ви казва всички малки сладки безсмислици, които Ви се слушат: „Колко си красива!", „Каква прекрасна съпруга и майка си!"... Той е учтив и любезен към децата и семейството Ви. Дори помага в домакинството! Вие сте госпожа Прекрасна! В момента сте майка на годината! Какво чудесно чувство е това! Не сте ли желала да чуете точно това? Разбира се! Не е ли това най-прекрасното чувство на света? Сърцето Ви казва: „Да, да! Аз съм обичана, войната свърши!". Но мислите за предателство още са във Вас. Негодуванието започва да се надига заедно със саморазрушителното поведение. Умът Ви е объркан. Откъде знаете кое е добро и кое - зло? Такъв вид любов е труден за разбиране. Но това е всичко, което имате. По-лесно е да приемете за истина факта, че той ще се промени, отколкото варианта, че можете да си тръгнете. Като имате предвид всички заплахи, ако някога се опитате да го напуснете. Всички тези страхове постоянно се завръщат в ума Ви. Дори когато се любите, страхът остава.

Веднъж съпругът ми ми показа едно семейно гробище и каза:

- Това е мястото, на което ще бъдеш, ако някога се опиташ да ме напуснеш.

Каза още:

- Ако аз не мога да те притежавам, никой няма да може.

Тези заплахи изразяваха чувството му за власт и контрол над мен, с което аз се съгласявах. Спомням си, че толкова много пъти са ми казвали, че съм грозна, дебела, глупава, и че никой няма да ме иска. В същото време вътрешният ми саморазрушителен глас ме атакуваше с несигурност: „Ако го напусна, как ще си намеря работа?", „Кой ще се грижи за децата ми?". Знам, че всички тези въпроси изникват при всеки, който е във взаимоотношение, изпълнено с насилие.

Фаза на възникващо напрежение

Критикарство, викане, проклинане, гневни жестове, насилие, заплахи. Много хора описват усещането човек да е подложен на това като постоянен стрес. Докато физическото малтретиране може да е на ниво минимум или въобще да го няма, тормозът невинаги е физически.

Когато хората казват: „Защо просто не си тръгне?", си мисля: „Де да беше толкова просто". Такова тръгване поражда напрежение! Напрежението е фазата, която се опитваме да избегнем, а не към която да прибегнем. Това е сериозна стъпка, особено ако на човек не му е позволено да вземе собствено решение. Книгите, които показват как можем да избягаме от изпълнено с насилие взаимоотношение, са много малко на брой. Умовете ни са програмирани да се примиряват с раболепното положение на жертвата. Как отново да си позволим да мислим свободно? Как да преодолеем годините на пълно подчинение? Това са въпроси, които искам да разгледаме, и да разкажа как аз тръгнах по пътя на независимостта. Най-напред трябваше да направя някои основни промени в ценностите си и убежденията си. Трябваше да достигна до ясното прозрение, че ако не правя нищо и не се науча да вървя напред, моите деца никога няма да могат дори да осъзнаят своята собствена душевна осакатеност. Липсата на промяна би узаконила и „насърчила" насилието над жените. Тази липса би запазила непокътнат корена на насилието и това ще се предаде на следващото поколение. Извършването на промяна е най-опасната фаза! Напускането на един насилник го кара да мисли, че е изгубил контрола върху Вас. Статистиките показват, че за една жертва на домашно насилие става най-опасно тогава, когато тя се опитва да избяга от ужасната ситуация. Това е и периодът, когато се стига до ограничителна заповед. Поведението на насилника може да стане страхово, яростно и дори смъртоносно.

Което ни довежда до третата фаза:

Фаза на насилието

Тази фаза е наречена още „ескплозивна фаза". В нея се случва физическото насилие. Тук са възможни физически и сексуални набези или заплахи. Тук се случва престъплението.

Преди той може да Ви е казвал какво да мислите, какво да обличате и с кого да говорите. Когато вече не може да Ви спечели, както се е случвало в миналото, той ще започне да Ви заплашва. Пригответе се да защитавате себе си и децата си. Обмислете всеки възможен ход, преди да прибегнете към действие. Това не е време, в което да гледате на себе си като на жертва. Трябва да фокусирате вниманието си върху един различен начин на оцеляване. Вие и аз имаме този инстинкт за самосъхранение. Това да сте майка е основната Ви функция, както и да ръководите себе си и децата си. Вие сте пазителка. Вие не сте жертва. Създавате едно ново бъдеще за себе си и за децата си. Уверете се, че сте подготвена за неизбежните пречки, които ще застанат на пътя Ви. Узнайте всички стъпки, които трябва да направите, за да планувате бъдещето. Разберете какво е чувството наистина да вземете решение да си отидете. Отговорете си на въпросите: „Кога да си тръгна?“, „Къде ще отида?“, „Какво трябва да взема със себе си?“. Направете си преценка за всичко, свързано с решението Ви да се махнете. Преобърнете взетото решение и направете същото с решението да останете. Неща от рода на „можем да потърсим съветничество“, „той ще се промени“, „но аз го обичам!“.

Научете повече за това какво точно представлява домашното насилие. Много семейства ще се опитат да омаловажат тормоза с реплики като: „Уморен е“, „Трябва да направиш това“, или „Трябва да направиш онова“, „Имал е лош ден на работата“, „Вероятно случайно е станало“ и пр. Прочетете това, което следва, и открийте дали има описания, наподобяващи Вашата ситуация.

Аз давам следното определение на понятието *домашно насилие*: оскърбително поведение от страна на един от партньорите в дадена връзка, използвано за налагане на власт и контрол върху другия интимен партньор. Домашното насилие може да е физическо, сексуално, емоционално, свързано с пари, или под формата на психологически натиск и заплахи, оказващи влияние върху друг човек. В това число влизат модели на поведение като заканване, манипулиране, унижаване, изолиране, сплашване, ужасяване, принуда, вменяване на чувство за вина, причиняване на болка, нараняване или физическо малтретиране.

Физически тормоз: удрянето, зашлевяването, блъскането, дърпането, щипането, хапането, скубането на косите и т.н. са видове физическо насилие. Към този вид спадат и непредоставяне на медицинска помощ или насилствено заставяне за употреба на алкохол и/или наркотици.

Сексуална злоупотреба: принуждаване или опит за принуждаване към осъществяване на сексуален контакт или сексуални действия без съгласие от другата страна. Сексуалната злоупотреба включва (но не се ограничава с) изнасилване в семейството, посегателство над интимните части на тялото, принудителен сексуален акт след прилагане на физическо насилие или унизително отношение.

Емоционална злоупотреба: уронването на самочувствието и/или самоуважението е оскърбително. Тук можем да включим (без да изпадаме в крайности) постоянното критикарство, обвинения за липса на способности, наричането с обидни имена, или емоционалното нараняване от страна на насилника върху собствените му деца.

Финансов тормоз: това е да се направи човека зависим в парично отношение чрез налагане на пълен контрол върху финансовите източници, отказ на достъп до пари, или забрана за ходене на училище (обучителни курсове) или на работа.

Психически тормоз. Прояви на психическо насилие са следните действия (без да се ограничаваме само с тях): причиняване на страх чрез сплашване; заплаха за физическа саморазправа или насилие спрямо партньора, децата, семейството или приятели, посегателство над домашни любимци или лични вещи; насилствена изолация от семейството, приятелите, училището и/или работата.

Домашното насилие може да сполети всекиго, без значение от раса, сексуална ориентация, религия или пол.

Домашното насилие засяга хора от различни обществени прослойки и образователни равнища. Домашно насилие има както в хетеросексуалните, така и в хомосексуалните връзки, и може да е проблем за интимни партньори, които са семейни, които живеят заедно или са в процес на опознаване.

Домашното насилие влияе не само на пострадалите от него хора, а и на членовете на семействата им, приятелите, колегите, други свидетели, както и на обществото като цяло. Децата, които израстват в атмосфера на домашно насилие, са сред сериозно засегнатите от това престъпление. Честото им присъствие на сцени с домашно насилие не само ги предразполага към множество социални и физически проблеми, но и ги учи, че това насилие е нормален начин на живот - следва рискът те да се превърнат в следващото поколение от жертви и насилници в обществото.

Децата виждат, децата повтарят

Моите синове са тези, които ми помогнаха да взема решението си. Имам трима сина. Собственото ми самоуважение не бе достатъчно силно. Зададох си следните въпроси: „Това ли е домът, в който искам да израстнат децата ми?“, „В какви мъже ще се превърнат те?“. Разбрах в какви малко по-скоро, отколкото очаквах.

В един прекрасен летен ден момчетата играеха в градината, когато изведнъж петгодишният ми син започна да удря по-малкото си братче по главата с един голям камион-играчка. Виждайки как синът ми пребледнява, се затичах да разтърва момчетата. Попитах: „Какъв е проблемът?“. Синът ми, оправдавайки се, каза: „Той не направи това, което му казах". Това, което представляваше постъпката му, си беше типична детска реакция при игра и раната не беше толкова сериозна. Но аз се пренесох в бъдещето… Представих си, че синът ми насилва съпругата си! Защото не е направила нещо, което той ѝ е наредил да направи. О, Боже мой! Какво бих казала тогава? Ако не направя нещо сега, ще продължим да се въртим в този омагьосан кръг! Аз ще съм виновната, затова че не съм ги опазила. Позволявах им да стават неволни свидетели на

сцени с жестокости от рода на физическо и емоционално насилие, каквито децата не трябва да виждат и в каквито не трябва да участват. Точно тогава направих избора си. Избрах децата си. Малките ми момчета (на възраст четири, пет и седем години)! Решението ми бе взето. Обещах си да се махна наистина, без повече колебания. Въпреки че, както ще прочетете, няколко пъти не спазих това си обещание. Първият ми истински опит да напусна дома се оказа истинско бедствие. Житейската ми преоценка се нуждаеше от повече усилия от моя страна.

Нареждане на пъзела – 1962 г.

Защо една жена приема такова отношение най-напред? Защо би останала на място, където злоупотребяват с нея? Няма много смисъл в това. Бих искала да започна тук с малко информация за произхода и семейството си.

Родена съм в гр. Джаксън, щата Мисисипи, САЩ, от родители Франклин и Патси Гоуан през 1962 г. 60-те години на миналия век избухнаха с едно ново поколение, което създаде ново общество с по-разпуснати нрави. Появиха се движения за граждански права, за права на жените, също и поколението на хипитата, музиката се промени и традиционните семейства се оказаха в беда.

Баща ми беше музикант и забавен човек. Бандата му била на турне в гр. Джаксън, щата Мисисипи, когато срещнал майка ми. Баща ми бил най-маликият син в едно голямо бедно семейство. Но, както се случва в повечето финансово затруднени семейства, всички са се научили как да правят по малко от всичко, за да оцелеят. А в семейство, пълно с музикални таланти, баща ми явно е отбелязвал забележителен напредък. Трудно е да се опише баща ми.

Майка ми, от друга страна, беше кралица на красотата от средната класа. Жена, израснала в малко градче в Мисисипи, с дълбоки корени в местната общност. Била типичното момиче от съседската врата.   Беше главна танцьорка, главна мажоретка и кралица на бала.

Всички винаги говореха за това колко е красива майка ми и как това правело чест на баща ми. Не знаех как това ще ми попречи по-късно в живота. Осъзнах, че не съм красива като майка си.

Въпреки всичко аз се възхищавах на мама и исках да съм като нея. Тя имаше елегантността на филмова звезда! Голяма част от живота ѝ беше преминала в множество страдания. Бе преживяла много болести, причинени главно от хронична болка в гърба. Имаше доста операции, които доведоха до проблеми със справянето ѝ с болката и до депресия.

Сега се сещам за нещо друго. Баща ми взимаше мама от болницата преждевременно, защото не искаше да плаща болничната такса. Бе направил една дървена количка за таванската им спалня и... познайте кой стана старша сестра на петгодишна възраст?

Опитах се да помагам колкото се може повече. Пращахме си с майка ми бележки, готвех ѝ и се грижех за нея, докато баща ми пътуваше. Често я чувах нощем как плаче, докато заспи. Не обичах да чувам плача ѝ. Знам, че звучи егоистично, но исках тя да бъде силна, да е добре и да се грижи за мен.

Отсъствието и изневерите на баща ми бяха само едно допълнение към мъката ѝ. А при цялата си болка и страдание, майка ми никога не си го изкара на мен. Никога не ме удари и винаги е била нежна към мен.

По професия беше дипломирана медицинска сестра, но се занимаваше и с мода. Беше чудесна пианистка и писателка. Много обичаше книгите.

Тя можеше от време на време да е страхотна майка, но понякога като че ли чувствах, че ѝ преча. Често не физическото насилие е това, което най-много поразява човек, а несъзнателната склонност на детето да си обяснява отношението на родителите си към него самото с това, че то не представлява нищо специално за тях.

Сега, като възрастен човек, наистина не разбирам как е можела да се справя с всичкия стрес и с цялата болка, а тя го постигаше. Давала е най-доброто от себе си според възможностите, с които е разполагала. Домашното насилие не се обсъждаше и ако е имало възможност тя да си намери друг подслон, при нея такава не е съществувала. Как една жена би могла да намери такъв подслон? Това може да е ключ към зададения по-горе въпрос. Защо една жена би позволила да е малтретирана? Когато едно дете се почувства пренебрегнато в моменти, когато изпитва силно вълнение, то си създава фалшива представа за себе си: „Не съм специална“, „Не съм хубава“, „Невзрачна съм“ , „Глупава съм“...

Трудно е да опиша баща си, но трябва да се опитам и да включа тази част от пъзела в книгата. Баща ми е възхитителен човек и затова нещата стават още по-трудни – той има одобрението на обществото. Баща ми може да свири на всеки един познат ни музикален инструмент! Той е автор на песни, музикален продуцент, дърводелец, откривател в електрониката и т.н. Но дълбоко вкоренените му убеждения никога не се променят: той иска да упражнява толкова много контрол, че на хората им е трудно да вършат съвместна работа с него или дори само да бъдат наоколо му; и възникването на конфронтации беше нещо обичайно.

Такива неща откривате, когато се вгледате в детството на едно малко момиче, което се подготвя да бъде жертва един ден. Изградих си един мисловен модел със смесени послания за любовта и семейството. Приемам за истинска любовта на родителите ми към мен. Това е нещо решаващо за едно дете. Едно дете ще приеме и определи любовта като нещо желано. Покрай това заключение аз уважавам родителите си. Не е лесно да си родител. И би било грешка да ги виня за всичките си проблеми в живота. Но трябваше да изкажа позицията си и теорията си за това как и защо жените са склонни не само да си избират злоупотербяващи партньори, но и да позволяват лошото отношение към тях да се възприема като нормално. Така порочният кръг на насилието продължава да съществува. Частичка номер едно от пъзела се нарича „прекалена фамилиарност".

Детството ми е показателно за това как бях приела ролята на обгрижваща на много ранна възраст - едно изгубено детство... И нужди, които останаха незадоволени. И бегло разбираме какво представлява ролята на миротворец.

Майка ми и баща ми често се караха. Баща ми трябваше да се налага на всички ни. Пример за това: той запрати шевната машина на мама на двора, където тя се

разпадна на хиляди парчета. Твърдеше, че не я е използвала достатъчно! Преряза и щепсела на климатика, заради това, че сметката е твърде висока. Баща ми ме научи да мия чиниите, което не е лошо, освен ако не се вгледаме по-внимателно.

Спомням си как стъпвах на едно столче, за да стигна умивалника. И тъй като притежавахме звукозаписно студио тогава, през 70-те, късно вечер у нас често идваха на парти разни хора. Когато приключваха, баща ми ме будеше, без да го е грижа за часа, за да измия чашите за вино. И ако някоя чаша му се стореше мръсна, тогава наказанието беше повторно измиване на всички чаши. Плана за сесии в студиото извършвахме заедно. От мен се изискваше да свиря и да пея отново и отново, и отново, докато накрая той не кажеше нещо негативно от рода на „просто не ставаш". Все пак, когато шоуто продължаваше в студиото, той ме гледаше така, като че ли се гордее с мен.

Баща ми имаше и хубава страна: казваше ми колко съм красива, докато ми решеше косата. Тя беше доста дълга, защото той не ми позволяваше да я подстригвам. Понякога ми масажираше краката, когато ме боляха от много игра. Така получавах някаква смесица от послания на любов и на неодобрение от негова страна.

Баща ми имаше и някаква особена философия на наказанията - биеше ме с една дъска и от мен се изискваше да изляза от килера и да си избера: броя удари според възрастта ми или, ако си сваля гащите, ударите ще са наполовина на възрастта ми. Винаги избирах да сваля гащите, за да знам, че ще се приключи по-бързо.

И явно нямаше голямо значение как съм свършила нещо - винаги имаше някаква причина да изям по някой шамар. Например прегърнах кучето си, след като го блъсна кола, а то ме ухапа. Трябваше да ида в болницата - същата болница, в която работеше мама. По целия път към болницата баща ми ме заплашваше какво ще стане, когато се приберем. Каза ми, че съм постъпила глупаво да пипам ранено куче. След това, заедно с превързаната си ръка, получих и плесница. Получих плесница и затова че му взех чаша кафе бързо и с отношение. Получих плесница, затова че отидох на тавана без разрешение, за да си взема куклите Барби. Получих плесница, когато пропуснах училище на 12-годишна възраст. Получих бой от баща си, защото мислеше или му се струваше, че планирам да не се показвам на „нощния клуб" последния път. Да, много добре си спомням онази нощ. Шоуто приключи, но цялата вечер баща ми не беше спрял да ми повтаря да се усмихвам и ако не го направех на секундата, получавах ритник под масата. А той, злобно ухилен, казваше: „Усмихни се". По пътя към къщи онази нощ знаех, че баща ми е гневен. Всичко започна с една чаша бургундско вино и пушене на трева до 5 часа сутринта. И тогава трябваше да си избирам, но той, без да пита, ме напердаши със смъкнати гащи, а бях на 15 години! Накрая изчаках, докато той заспи и същата нощ избягах. Щях да го видя чак след 10 години. Сега трябва малко да позабавя ход. И да Ви кажа причината, поради която го виждах за пръв път, откакто родителите ми се бяха развели, когато бях на 12.

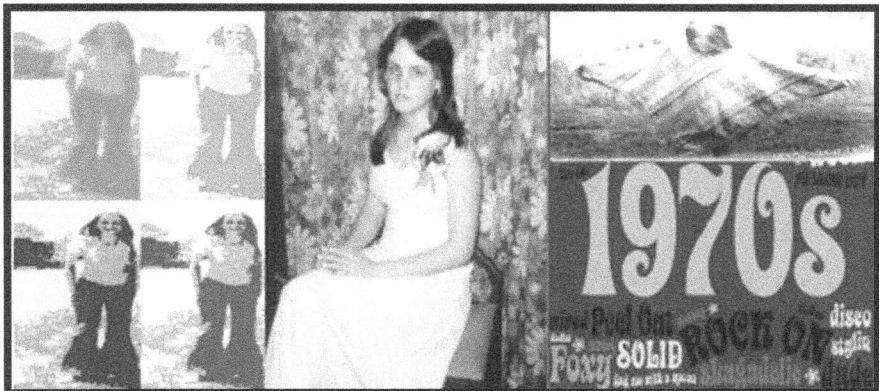

Изнасилването на едно дете – 1975 г.

Бях на 12 години, преди навлизането в пубертета. В продължение на две години се срещах с приятелите си на пързалката за скейтборди. Тръгнахме оттам да се помотаем с компанията без разрешение от родителите ни, естествено. Тогава гаджето на най-добрата ми приятелка ни покани в дома си. Отидохме. Той беше на 19 години. Приятелката ми беше на 13, но беше влязла вече в пубертета и бе полово активна. Отидох с нея, за да може тя да е с приятеля си; пийнахме малко бира (алкохолът не беше кой знае какво за мен - в семейството ми се пиеше вино с някои ястия и от мен се изискваше да участвам). Съвсем неочаквано, както си седях пред стерео уредбата, заслушана в музиката, бях дръпната и хвърлена на едно легло. Той ми причиняваше болка и започнах да викам. Той усили звука на музиката до такава степен, че никой да не може да ме чуе. Помъчих се да се съпротивя, но той беше силен - беше пораснал мъж. Той се опита да ме насили... и после пак, и пак; аз бях, естествено, девствена, тоест трудно се получаваше. Накрая приятелката ми чу писъците ми, включи осветлението и той отскочи от мен. След това осветлението пак изгасна, но аз избягах в другата стая, за да кажа какво става. Но момчетата там ми се изсмяха, като ми казаха, че се преструвам на изнасилвана или нещо подобно. Бях толкова млада и наивна. По кръвта, която открих по бельото си, си помислих, че ми е дошъл цикълът. Недоверието ми към мъжете само нарастваше заради това изнасилване, което ме караше да се чувствам толкова глупава, затова че съм позволила да ми се случи. Според баща ми то беше доказателство за това, че съм глупава, тоест той е бил прав да ме нарича така. Но в действителност аз бях едно 12-годишно невинно малко момиче, насилено от 23-годишен. Случилото се ме накара доста да се притесня, поради което пропуснах училище. Баща ми ме хвана „на местопрестъплението", получих си обичайните шест удара с дъска на голо.

Фактът, че скрих тази информация от родителите си, определено е белег за разстроени взаимоотношения в семейството ми. **Чувството, че съм недостойна за закрила, и убеждението, че съм незначителна, създадоха в мен проблем за цял живот.** Отчасти поради това жените понякога понасят обществото да се отнася с тях като с граждани втора класа.

Говорих със синовете си за преживяванията си като дете и за разрушителните им последствия. Проведох прям и истинен разговор с тях. Исках да кажа „сбогом" на културното разбиране, че „мъжът си е мъж" и му липсва способността да потиска сексуалните си желания. Образовах синовете си по сексуалните проблеми, един от които са „сексуалните хищници". Открито обсъдихме правата и нуждите на жените, как да се отнасят към тях с уважение и зачитане на достойнството им. Тук влизат и удоволствието, и удовлетворяването на жената, както и това, че жените не трябва да се използват само за задоволяване на похотите на мъжете. Говорихме с тях за порнографията. Ясно изявих позицията си, като дори навлязохме в историята на картините с голи жени в натуралистични пози от Викторианската епоха. С прости думи им показах разликата между дадените от Бог желания и перверзното изкривяване, което сатана е направил да изглежда нормално. Има безскрупулни „философи", които извращават здравословното сексуално изразяване в садистични фантазии. Но колкото повече се гледа порнография, толкова по-безчувствен към пагубното ѝ влияние става човек.

Не препоръчвам гледането на порнография поради вредата, която тя нанася върху жените и децата. Трафикът на жени с цел сексуална експлоатация расте. Педофилията процъфтява! Пазете ума си.

Това е част от посланието ми към Вас: използвайте шестото чувство, дарено ви от Бог! Доверете се на усещането си за добро и погрешно, за да може то да ви насочи в правилната посока. Стойте далеч от неморалността на съвременното общество. Изслушвайте децата си и поддържайте взаимоотношения на откровеност с тях, за да се чувстват достатъчно удобно да споделят с Вас всякакви аспекти от живота си. Не позволявайте да се плашат от обсъждането на каквито и да е теми с вас. В това число влизат наркотиците и сексът. Опитайте се да не съдите, а да съчувствате. Един родител трябва да обича децата си безусловно и с цялото си сърце – просто бъдете до децата си. Нека знаят, че винаги ги обичате по този начин.

Ако човек узнае за сексуално насилие над детето си, следва да предприеме действия за възстановяване на достойнството и самочувствието му; такива действия ще спомогнат за сплотяване на семейството. Колкото по-високо е нивото на споделяне и разбиране към детето Ви, толкова по-ниска е вероятността то да бъде сексуално експлоатирано. Не се страхувайте от това, което детето може да Ви каже. Има причина за сериозни опасения, когато детето Ви не говори.

- Едно от всеки три момичета бива сексуално насилвано преди навършване на 18-годишна възраст.
- Едно от всеки шест момчета бива сексуално насилвано преди навършване на 18-годишна възраст.
- Един от всеки пет младежи е търсен по Интернет със сексуални подбуди и цели.
- Средната възраст на първа сексуална злоупотреба е 9,9 години при момчетата и 9,6 години при момичетата.
- Такава злоупотреба обикновено е доста продължителна, има някакво взаимоотношение между извършителя и жертвата; експлоатацията се изостря с времето и трае средно четири години.
- Много от жертвите на такова насилие крият тези свои преживявания от заобикалящия ги свят. По-малко от 10% от сексуалните злоупотреби биват докладвани на полицията.
- Децата са най-уязвими през периода от 8 до 12-годишна възраст.
- 29% от всички изнасилвания са се случили, когато жертвата е била под 11-годишна възраст.
- 15% от жертвите на сексуално насилие са под 12-годишна възраст.
- 44% от жертвите на сексуално насилие са под 18-годишна възраст.
- Децата с недъзи са от 4 до 10 пъти по-уязвими сексуално от своите здрави връстници.
- Почти 30% от жертвите на сексуално насилие, разпознати от институциите за закрила на детето, са между 4 и 7-годишна възраст.
- 93% от жертвите на сексуално насилие сред непълнолетните познават нападателя си. 34,2% от

нападателите са членове на семейството. 58,7% са познати, а едва 7% от извършителите са напълно непознати за жертвата.

- Почти 50% от всички жертви на насилствена содомия, сексуално насилие с някакъв предмет или принудително опипване са деца под 12-годишна възраст.
- 60% от момичетата, които са имали сексуален контакт преди 15-годишна възраст, са били насилвани от мъже, по-големи от тях с около 6 години.
- При жените, преживели сексуално насилие през детството, съществува 2-3 пъти по-голяма вероятност да бъдат сексуално малтретирани на по-късен етап от живота им.
- Подобно на изнасилването, насилието над деца е едно от престъпленията, за които малко се говори: само 1-10% от тях са разкрити. Източник: *Бюлетин на ФБР за изпълнителни присъди*
- Недействителните доклади за сексуално насилие представляват само от 1 до 4% от съобщените случаи. От всички доклади 75% са на възрастни. Децата си измислят, че са сексуално насилени в по-малко от 1% от случаите.
- Смята се, че **ДНЕС В АМЕРИКА ИМА 60 МИЛИОНА ДУШИ, ПРЕЖИВЕЛИ СЕКСУАЛНО НАСИЛИЕ.**

Беше през седемдесетте, аз живеех във времето на експерименталната култура на наркотиците. Бях млада тийнейджърка, но си позволявах да ходя по дискотеки и купони. Все пак за мен такъв живот си беше нормален. Живеех си живота като възрастен.

След още едно преместване - десетото поредно, откакто разводът на мама и татко вече бе факт - се завърнахме в гр. Джаксън, щата Мисисипи. Това е мястото, на което майка ми срещна новия си съпруг. Преместихме се в неговата къща. Ситуацията беше типична за семействата, сформирани от втори брак: имаше голяма борба при установяване на домашните правила, парични проблеми, а вторият ми баща не можеше да се задържи дълго на работа. Той имаше проблеми и с взаимоотношенията, алкохола и наркотиците. Живееше единствено за майка ми и за голямата си къща, построена преди войната. Беше алкохолик до мозъка на костите си. А аз бях бунтовната 15-годишна доведена дъщеря. Последва друг развой на събитията, при който недоверието ми към мъжете нарасна.

Майка ми работеше в болницата. Не е трудно да се забележи, че това семейно положение не беше особено устойчиво. След около шест месеца аз избягах, защото не се чуватвах на мястото си. Бях нежелана. Но пак се върнах в дома им, за да намеря втория си баща пиян, а мама беше на работа. Майка ми по принцип се прибираше около 11,30 вечерта - работеше на смяна от 3 до 11 ч. в спешното отделение. Знаех, че вторият ми баща ми е ядосан поради бягството ми, а и беше пиян. Можех да усетя вонящия му на алкохол дъх. Беше огромен мъж, висок над метър и осемдесет, а в миналото е бил тежкоатлет. Често го наричаха „големия Джон". Онази нощ се опитах да премина незабелязано покрай него и да отида до банята, за да се изкъпя. Чух го как слиза по стълбите в коридора, след което започна да чука на вратата на банята, като ме караше да побързам. Продължи да блъска вратата, крещейки:

- По-бързо!

Страхувах се и останах във ваната, като се надявах, че скоро мама ще се върне. Но той не спря да блъска все по-силно и по-силно, като всеки път ми крещеше да излизам! Започна да тресе вратата, а аз си помислих, че ще нахълта в банята, така че изскочих от ваната и бързо увих с хавлията мокрото си тяло. Когато отворих вратата, той ме хвана и заповяда да слизам в стаята долу (бърлогата му - б. пр.).

Той повтаряше същите неща отново и отново и както по принцип би постъпил един алкохолик, стисна лицето ми с ръка, като ме накара да го погледна, а вонящият му на алкохол дъх се блъсна в мен; той беше излязъл от релси - разяряваше се все повече, без да обръща внимание на моите думи. Хвана ме с халата ми, вдигна ме и изкрещя:

- Погледни ме!

Бях толкова уплашена, че ме е хванал. Държа ме така дълго време. Накрая ме пусна и ме зашлеви. На два пъти през лицето му видях светлините от колата на мама и побягнах към стаята си разплакана. Дори не познавах този човек, мама беше омъжена за него само от няколко месеца. Този път щях да кажа на мама какво се е случило. Вече бях на 15 и можех да обяснявам нещата по-добре. Започнах разговор с майка си и ѝ казах истината за това, което се беше случило миналата вечер, и как Джон ме е ударил два пъти по лицето, колко пиян е бил и колко уплашена съм била аз. Мама отвърна:

- Ще попитам Джон.

Малко по-късно тя ми каза, че той е отрекъл да го е правил, а тя му вярва.

Чувствах се предадена. Бях права, че не е трябвало да ѝ се доверявам в миналото, и сгреших, като ѝ се доверих и този път. Мисля, че това беше последното ми споделяне с мама, с което окончателно се отчуждих от нея. Само след няколко седмици тя ми каза, че повече не може да се справя с мен и че трябва да отида в някой интернат за младежи или да се пренеса при баща ми. Така се озовах в Панама Сити, Флорида, при баща си.

Известно време прекарвах дните си по улиците, след това спях по канапета у приятели... и така до смъртта на дядо ми. След това заживях с баба ми. Малко по-късно бях приета на един курс за фризьори, където бях най-младият курсист, на когото беше позволено да се запише. Това повдигна духа ми. Имах стая в едно общежитие и храна! Толкова се гордеех със себе си. Спечелих си нови приятели, които ме взеха под крилете си. Като че ли се стараеха да ме пазят, нали бях най-малката от компанията. Повечето бяха 18-19 годишни. Мама често идваше да ме посети и да ме изведе да хапнем по някой хамбургер. Все още не ме искаше вкъщи - каза ми, че е по-добре да ме посещава в общежитието. Имах нова приятелка, която ме запозна с братовчед си Ерик. Не беше най-красивият мъж на света – беше слабоват. Но пък самоуверен и аз го намирах за забавен. Мислех си: „Как може да е толкова самомнителен, изглеждайки като кльощав смотаняк?".

Още не се бях прибрала в стаята си, когато той ми се обади на монетния телефон в коридора. Искаше да ме попита дали искам да излезем да попушим малко трева. Отговорих с „да". Обиколихме района и поговорихме. Видя ми се привлекателен интелектуално. Можехме да обсъждаме всякакви възможни теми. Имаше много постижения в гимназията и беше приет в Националната гвардия. Баща му беше шеф на полицията, а чичо му преподаваше в един колеж. Знаех, че мама би се радвала да бъда с такъв мъж, така че какво милсите, че направих? Пооправих външния му вид! Подстригах му косата, промених стила му на обличане и определено от него стана сладко гадже. Даже решихме да не правим секс до пролетния студентски бал. Всичко вървеше добре, като се изключи факта, че започнах да бягам от часовете, за да бъда с него. Казаха ми, че съм изключена. Трябваше да напусна общежитието. Това се случи, когато Ерик поиска да се присъедини към Военновъздушните сили, за да можем да се оженим.

Част II

Удобната булка – 1979 г.

Казахме на мама за плана си, а тя беше повече от щастлива да ме види омъжена. Тъй като бях само на 16, мама трябваше да поиска специално разрешение от съдия, за да се омъжа. Отидохме при съдията, който първоначално не искаше да подпише, но накрая се съгласи. Станах на 17 и се оженихме в един неделен следобед, на 22 септември 1979 г.

Нека сега разкажа малко за Ерик и детството му. Неговите родители също бяха разведени. От три деца в семейството той бил средното дете. Баща му бил полицай. Когато Ерик бил 11-годишен, бащата и майката на Ерик имали жестоко спречкване, при което баща му прострелял майка му в главата. Тя изгубила зрението, обонянието и вкуса си. Изгубила и семейството си. Изпратили я в пансион за слепи. Всичко това било последица от сцена на ревност, която не я убила, но я оставила с две стъклени очи да живее цял живот в тъмнина.

Ерик и аз обсъдихме това преживяване преди сватбата. Спомням си целия разговор, който проведохме. Ерик се обърна към мен, обгърна лицето ми с дланите си и каза нежно:

-   Никога няма да те нараня така, както баща ми е постъпил с мама.

Три месеца след сватбата дойде първият от многото случаи на неспазване на това обещание - физическа разправа. Виждате как цикълът на насилие се повтаря във всяко следващо поколение, освен ако не бъде прекъснат по някакъв начин.

Бяхме в нашия първи апартамент. Аз приготвях багажа му за първия му полет до Аляска. Бе получил документите си за постоянно назначение и предстоеше да излезе по-рано от мен. Ето как започна скандалът: той не хареса начина, по който приготвях багажа му, а аз му казах:

-   Приготви си го сам тогава!

Той взе радиобудилника и го запрати по мен, но не улучи. След това Ерик ме удари по лицето, а аз го блъснах. Знаех, че съм направила голяма грешка, и побягнах като диво животно, преследвано при лов, но той ми препречи пътя. Едва не ме уби тогава. Притисна ме към пода и седнал на гърдите ми, ме хвана за косата и започна да блъска главата ми в бетонния под. Главата ми пулсираше, а аз виках от болка. Ерик заглуши писъците ми с ръце. Беше ми трудно да дишам. Вдигна ръцете си от мен, когато видя, че посинявам.

Разбира се, след случилото се каза, че не знаел какво му е станало. Много съжаляваше и обеща, че никога повече няма да ме нарани. Помоли ме за прошка, също и да отида с него в Аляска, както бяхме планирали.

Никога не споделих за случилото се с някого - прекалено много се срамувах. Пак се чувствах като глупачка заради това, че съм могла да позволя на Ерик да постъпи така с мен, а след това да се държи, сякаш нищо не е станало. Усещах, че не мога да направя друго, освен да замина за Аляска. Къде другаде можех да отида? Какво друго можех да направя? И така, след няколко месеца бях в гр. Феърбанкс, щата Аляска. Едно 17-годишно момиче на 5 000 мили от родното си място с човек, който е като бомба със закъснител.

За всички други Ерик беше най-хубавото момче, което човек може да срещне. Беше си наша тайна фактът, че той не можеше да контролира гнева си. През следващата година ми налиташе всяка седмица. Биеше ме, защото не искаше да ходи на работа. Поваляше ме на пода, извиваше ми ръцете, удряше ме в корема. Дори на едно коледно тържество се изплю в лицето ми, като ми се изсмя и ме нарече „глупачка"! Гостите се почувстваха доста неловко при последните му думи и започнаха да се разотиват. Всички те знаеха какво се случва в дома ни, определено не беше някаква тайна. Постоянно ми намекваха, че не е трудно да видят белезите по тялото ми, изпотрошените мебели и чистата безнадеждност, изписана на лицето ми. Преди да срещна Ерик, аз бях една обещаваща млада жена с мечти и идеи. Но в настоящето ниското ми самочувствие сякаш ограбваше бъдещето ми, а миналото ми се завръщаше.

Тогава започнах да търся изход, но не намирах такъв. Семейството ми не ме искаше, а 17-годишна, без никакво образование, къде можех да отида? Ерик си изкарваше всяко свое раздразнение на мен, все едно аз му бях противник. Един от приятелите ни – Глен, колега от Военновъздушните сили, ме попита:

- Защо си с него, след като през цялото време те наранява?

Започнах да споделям с него за поведението му и чувствайки се като човек, чиято смъртна присъда е отложена за момента, виждах, че ГЛЕН е единственият човек, на когото му пука за мен. Мъжът, с когото сключих брак, се предполагаше, че трябва да ме обича и закриля, а в действителност той се отнасяше към мен, като че ли ме презира. Сега осъзнавам, че това не е правилният начин на мислене, но би трябвало да си спомните, че бях само на 17.

Исках да имам дете, но имах проблеми със зачеването, поради което започнах да посещавам гинеколог - специалист по безплодие. Глен, Ерик и аз бяхме приятели, така че каквото и да му кажеше Ерик, Глен ми го издаваше. Той ми предаде думите на Ерик - ако не му родя син, той ще се разведе с мен. По това време разбрах, че Глен бе развил чувства към мен, които бяха нещо повече от обикновено приятелство. Не знаех как да реагирам на това. Бях семейна и не исках да се разведа като родителите си; не исках да живея в лъжи, като изневерявам на съпруга си. Приятелите започнаха да ме съветват, че мястото ми е при Глен. Не можех да повярвам, че някой може да ме обича. След събитията от миналото и неспирните наранявания от Ерик бях съкрушена в духа си. Бях смачкана, обърнах се към най-близкия за мен тогава Глен, отидох при него и правихме секс. Не беше тайна любовна връзка, просто исках да съм обичана, дори и само за миг. Не бях влюбена в Глен, но неговата любов и привързаност бяха това, от което се нуждаех тогава. Част от мен искаше да нарани Ерик така, както ме нараняваше той. Знаех, че не мога да му причиня физическа болка, но това мое предателство като негова съпруга и предателството на Глен, най-добрият му приятел, предизвикаха у мен някакво мимолетно задоволство.

Проблемът беше, че това предателство навреди повече на моя ум, отколкото на Ерик, поради простата причина, че той, разбира се, не знаеше. Знаех, че това, за което бях използвала любовната връзка, само утежнява положението ми. И така, ден след ден, когато Ерик ме биеше или нагрубяваше, се чувствах, като че ли го заслужавам. Чувствах се грозна, глупава; усещам, че не съм обичана, че съм нежелана, а вече се чувствах и като прелюбодейка.

Но пак продължих да устоявам в желанието си да не съм разведена. Това ми помогна в този труден брак и стана така, че забременях. Толкова се развълнувах! Нямах търпение да видя моето вързопче радост. Най-накрая изглеждаше, че ще изпитам поне някакво щастие през живота си.

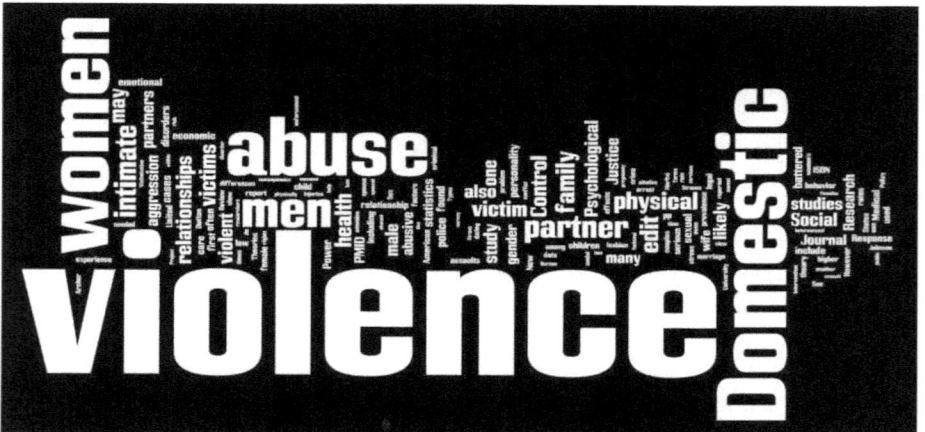

Част III

Имате рак

Обадиха ми се от болницата, че на теста ми за ракови клетки същите са ненормално завишени. Посъветваха ме да спра всякакви опити за забременяване и да се приготвя за някои процедури. Веднага отговорих:

- Вече съм бременна.

Бяха минали шест месеца от последния тест! Попитах сестрата защо е минало толкова много време за получаване на резултатите. Каза, че рядко се случва толкова млада жена като мен да има рак, така че счели теста за жени над 40-годишна възраст за приоритет номер едно. Помислих си колко жесток може да бъде животът. Стоях там с телефон в ръка, дълго след като тя беше затворила, като питах Бог: „Защо аз, Боже? Аз съм само на 18. Сега какво ще стане с малкото бебче, което расте вътре в мен?". Извиках, че не е честно. Исках да стана майка и да имам голямо семейство – нещо, което никога не съм имала. Исках това бебе!

Ерик, разбира се, омаловажи ситуацията. Беше цар на омаловажаването на чувствата ми. Една тъканна проба показа, че имам нужда от биопсия. Но тъй като бях бременна в третия месец, лекарите не знаеха как тя ще повлияе на плода. Казаха, че има 50% вероятност да изгубя бебето по време на биопсията или след нея. Те извършиха преглед на тъканта от шийката на матката и я раздробиха на малки частички на различни места по даден модел. Това се прави, за да може да се постави по-точна диагноза. Всичко това се извършваше върху шийката без никакви обезболяващи, защото те биха могли да увредят плода. И да - боли, когато шийката на матката се реже отвсякъде, особено когато една жена е бременна. Трябваше да се прибера сама с колата. Ерик не смяташе за необходимо да излезе от работа или да дойде с мен. Стигнах до вкъщи, като имах малко кървене, спазми и много сълзи. След няколко дни се върнах при гинеколога, за да се запозная с плана му за лечение. Докато седях в кабинета му и го чаках да дойде с плана за спасението на мен и детето ми, той влезе, като изглеждаше така, сякаш наскоро бе завършил медицина - сияеше от увереност. Седна на голямото дървено бюро, взря се в големия прозорец и каза с усмивка на лице:

-    Трябва да направим пълна хистеректомия.

Аз отвърнах:

-    И това е всичко, което можете да направите?

Той отговори, че това е най-доброто, което може да се направи. Скочих от стола и казах:

-    Не! Ще родя това бебе!

- Знаете ли какво може да причини този рак на бебето Ви? - попита той.

Отново му казах, че ще го родя. До този момент бременността ми определено бе започнала да личи и усещах как малкото същество рита вътре в мен. Казах, че не искам да чувам за никаква хистеректомия повече. Но докторът каза, че бебето може да се роди с рак, а това ме уплаши. Тогава се обадих на майка ми и нали тя беше медицинска сестра, имаше много познания по здравни въпроси. Взе пари назаем, за да ме върне в щата Мисисипи и да отида там при специалист. Много се изненадах, че направи това за мен, но по-късно разбрах, че Джон или баща му са поискали да върнем парите. Знаех, че Ерик никога няма да ги върне. Дори се страхувах да му кажа, че искат да върна парите за самолетния билет, защото щеше да изригне.

Специалистът в щата Мисисипи препоръча да се проведе по-леко лечение, което поне ще остави някакви шансове за деца в бъдеще, ако изгубя детето по време на операцията. Така че тя бе проведена в гр. Феърбанкс, щата Аляска, при споменатия лекар... Станах рано сутринта. Обясниха ми, че ще поставят анестезия в гръбнака ми, която обезболява от кръста надолу, за да не навредят на плода. Искаха и да ограничат лекарствата, които бяха предписани. Казаха, че рискът да загубя бебето е 50 на 50, но нямах друг избор - не исках детето ми да се появи на белия свят, болно от рак.

Операцията беше извършена. Част от маточната шийка бе отстранена. След операцията останах в болницата, за да наблюдават пулса на плода. Помня, че не исках да заспивам, понеже сестрите проверяват пулса на бебетата на всеки 30 минути. Исках да чувам пулса на моето детенце и да знам, че то е в безопасност. Но в 4 часа сутринта не можаха да установят пулс. Обаче по някаква причина аз имах мир в сърцето си. Не се натъжих - може би поради това, че бях в първите етапи на отричането или пък беше майчина интуиция... Но казах на сестрите, че бебето се крие от излишното вълнение на деня, както и да продължат да го следят. В 4,30 сутринта те дойдоха, за да се опитат отново да чуят туптенето на сърчицето му. Тъкмо се канеха да повикат лекаря, когато една сестра усети слаб пулс. Той беше доловен и от една от другите сестри, която току-що бе застъпила на дежурство. Тя се тревожеше за мен, но всички се усмихвахме. Сестрата бе чернокожа, на възрастта на майка ми. Зави ме с топло одеало и каза:

- Самата ти си дете, но по всичко личи, че ще ставаш мама, така че сега трябва да си почиваш.

Мислех си, че определено ме съжалява, понеже никой не ми идва на свиждане с цветя. На другия ден ми донесе един бонбон и остана при мен за няколко минути. Казах ѝ, че Ерик е идвал в болницата, но е трябвало да си тръгне. Той постоянно си намираше извинения.

Защо толкова младо момиче се е разболяло от рак на маточната шийка? -1980 г.

Лекарите започнаха да се питат за възможните причини за рака на шийката на матката ми. Най-напред те можеха само да предполагат, че единственото общо нещо между 18-

годишна раково болна и другите жени са нейните сексуални навици, тъй като такъв вид рак се забелязва само при по-възрастни жени, които в продължение на 20 години са имали какви ли не интимни връзки. За мен това бе потресаващо, имайки предвид, че интимният ми живот бе започнал само преди две години. По това време откриха DES-връзката. Не след дълго установиха, че има данни за много случаи, подобни на моя, а такова заболяване при млади момичета неминуемо предизвикваше подозрения. В рамките на няколко месеца лекари по целия свят - от Австралия, Франция, Израел и Мексико, както и от повечето европейски страни - описваха подобни случаи. Няма да навлизам в подробности, понеже ще трябва да напиша друга книга, за да обясня цялата сложност на т.нар. DES (Диетилстилбестрол - изкуствен естроген). DES е лекарство, което се предписва на милиони бременни жени с цел да ги предпази от помятане. Сега, след много години изследвания, е известно, че това лекарство причинява рак. Жени като майка ми са вземали лекарството при проблеми с износването, без да осъзнаят, за съжаление, че са изложили децата си на риск от генитални аномалии, безплодие и рак. Предполагам, това ни връща към казаното, че човек трябва да мисли за себе си.

Знаем, че употребата на лекарства и алкохол е нещо неприемливо по време на бременност. А и трябва да внимаваме, като се вземат предвид предупрежденията и нещастието на жените в миналото, които просто са послушали с доверие лекарите си и са приемали тези медикаменти.

Всички медикаменти, предписвани на бременни жени през годините, крият риск от увреждания на плода. Също и рентгеновите лъчи, които увеличават вероятността за недоносени деца и малформации на плода. Жените, които пушат, се излагат на голям риск от недоносване, както и на този да родят износени бебета с ниско тегло и с дихателни проблеми. Накратко - безопасността е по-важна. Не причинявайте вреда на детето си. То Ви се доверява, че ще го пазите. Ако се нуждаете от някакво лечение, хубаво е да внимавате, както и да проучите всички възможности, да потърсите мнение от друг специалист. Аз го направих и прецених риска и предимствата.

Раждането на моето красиво момченце

Прибрах се от болницата и ракът го нямаше. Животът започна да се нормализира, което означава, че бесовете на Ерик продължиха, а моята бременност, изглежда, го притесняваше. Той започна да ме наказва, като не искаше повече секс с мен. Каза ми, че това ще навреди на бебето, но по-късно призна, че намира тялото ми за отблъскващо и не иска секс, докато не родя и не се отърва от корема.

Когато имахме гости, викаше разни неща като „кит на плажа", но все пак определено контролираше поведението си през първите шест месеца от бременността ми. Докато не направих ужасната грешка да му поръчам хамбургер, като забравих да кажа „без горчица". Бях в седмия месец, когато отидох да взема хамбургери за вечеря. Стояхме у дома в трапезарията, когато той се запъти към кесията с храна, след което се обърна и започна да крещи, че проклетата горчица е най-отгоре. Също и: „Ти си една е---а тъпачка!". След това ме бутна и като че ли искаше да ме удари, но поглеждайки корема ми, реши, че само ще ме блъсне в стената. После взе хамбургера с горчицата, смачка го и го размаза по цялото ми лице. Накрая се приближи към мен, шепнейки срещу лицето ми с приправено мек, но зъл глас:

- Без горчица! Обичаш ли горчица? Добре! Ето ти и малко за пиене към нея!

И започна бавно да излива содата заедно с кубчетата лед върху главата ми. Беше унизително, но поне не ме удряше.

Глен ставаше все по-загрижен за мен, като виждаше отношението на Ерик, понеже бе разбрал, че детето, което носех, може да е негово. Не искаше да се случи нещо на някого от двама ни. Възможнотта детето да е от Глен беше много голяма. Моментът, в който преспах с него, беше благоприятен за зачеване. Но не вярвах, че само от един път би станало нещо. Предполагах, че ще разберем, когато бебето се роди. Знаех, че кръвната група на Глен е нулева положителна. През осемдесетте години нямаше ДНК тестове.

Бях бременна от 31 седмици, когато ми изтекоха водите. Слязох долу и съобщих на Ерик. Той отвърна, че съм глупачка и че си въобразявам. Обадих се в болницата и ми потвърдиха, като казаха: „Да, изтекли са Ви водите и трябва да постъпите в болница възможно най-скоро". Болницата беше на около 30 мили разстояние от базата на Военновъздушните сили, където живеехме. Ерик като че ли не искаше да ме закара дотам, така че Глен щеше да го направи. Но в последния момент Ерик реши да дойде. Там лекарите решиха, че раждането е преждевременно и трябва да бъда откарана със самолет до Военно-медицинския център, където има специалисти по рискови раждания. Ерик беше до мен, когато летяхме към гр. Сиатъл, щата Вашингтон. Бе получил извънреден отпуск за спешни ситуации, който не беше за сметка на редовния му отпуск. Беше в добро настроение и се показа като добър съпруг, като почти не ме оставяше в продължение на четири дни. По едно време контракциите започнаха с пълна сила, но поради белезите по шийката на матката нейното разширяване бе противопоказно и раждането протече с големи болки. Дълги часове на неспирна болка, като никога преди това не бях дори общувала с хора, на които им се е родило бебе - това беше едно съвсем ново преживяване за мен, а Ерик се справяше чудесно! Той ме разтриваше по гърба по време на контракциите и след 16 часа родих момченце с тегло 4 фунта 7/2 унции (около 1,5 кг).

Бях само на 19 години, а вече бях майка! Седмиците минаваха, а синът ми имаше проблеми с храносмилането и слабееше с всеки изминал ден - всеки ден беше ново предизвикателство. Но аз знаех, че синът ми ще се оправи, щом е стигнал дотук. След един месец лечение в кувьоз (където сестрите съвсем набързо правят най-необходимото и тичат при следващото бебе – без време за ласки) малкото ми бебче Джейсън Чаз бе изпратено в болницата в Аляска за още две седмици в Детска стая. Трябваше да наддаде поне до 2,2 кг., за да го изпишат от болницата. По всички показатели виждах, че Ерик е баща на Джейсън. Всичко щеше да се оправи... Да, всичко щеше да бъде наред, понеже така изглеждаха нещата.

Още насилие – 1981 г.

Отново се започна старата история в деня, когато Ерик не можа да намери черната си боя за обувки и естествено, вината беше моя. Винаги аз бях виновната, поради което той ме блъсна и започна да ме удря, казвайки:

- Това малко хубаво лице... Толкова си тъпа, че не можеш да намериш една боя за обувки.

Джейсън се разплака, а Ерик ме избута от него, взе масата за кафе и я запрати по мен. Борихме се и се бихме както обикновено, но този път сграбчих Джейсън и побягнах към парка. Седях на една люлка, като си мислех и се люлеех разплакана с това ангелче на ръце. То сякаш ме пазеше, а живееше в дом, изпълнен с ярост.

Ерик дойде на люлките и ни прибра у дома. Разплака се и ме помоли за прошка. Започна да ни прави снимки на двамата с Джейсън. Винаги правеше така - снимаше, когато бях тъжна и след като ме беше наругал.

Реших да напусна Ерик. Намерих си стая. Изминаха няколко месеца и аз си намерих приятел. Това го вбесяваше - той се надяваше, че ще се върна. В онзи момент поведението му стана неописуемо. Той ме видя в клуба за подофицери. Каза, че трябва да поговорим, дори отрони една-две сълзи. Бързо ме хвана за ръцете и ми попречи да си взема палтото и ботушите (в гр. Феърбанкс, щата Аляска, бе зима). Веднага щом излязохме, той ме вкара в колата и потегли с бясна скорост. Кара известно време към планината, като с едната си ръка здраво ме бе хванал за косата и започна да блъска главата ми в предното стъкло... и после пак, и пак, и пак... След това каза:

- Ще пукнеш тая вечер!

Страхувах се. Знаех, че ще ме зареже в студа да умра, както направи с моите кучета, когато го оставих предишния път.

Когато се разделихме, каза:

- Ако не се върнеш вкъщи, ще оставя кучетата ти да пукнат в студа.

Никога повече не видях кучетата си. Това е често срещано явление при двойки с подобни взаимоотношения – **жестокост към домашните любимци на жертвата**.

Ерик разхлаби хватката си така, че можах да се освободя и реших да изскоча от колата. Докато излизах, той натисна газта до дупка. Скоростта трябва да е била 40-45 мили в час и докато падах, тялото ми се претъркули в леда, а червената кал се налепи по косата ми и по бялата ми рокля. Вдигнах глава и видях как Ерик се връща с колата. Знаех, че трябва да стана и да бягам, иначе щеше да ме прегази с колата Затичах се, а той потегли след мен с колата, докато не видя, че нямам сили да продължа. Предадох се, бях изнемощяла и не можех дъх да си поема. Замръзнах, поради което нямах друг избор, освен да се кача обратно в колата. На Ерик му бе нужно време да се успокои, почти не говорихме. Закара ме до стаята ми. Когато влязох в хотела и минах покрай човека на рецепцията така, покрита с червена кал, се изненадах, че той не каза и дума. Поредният останал незабелязан опит за убийство. Хората просто не искат да се месят.

Години по-късно, когато говорих с Ерик за случилото се, той разкри какъв всъщност е бил планът му. Каза, че съм права - извел ме е, за да ме убие; но не е искал да ме остави на студа, а е имал зареден пистолет в колата. Планирал е да ме застреля и да изхвърли тялото ми. Но когато съм изскочила от колата, нещо го накарало да се откаже и той загубил ума и дума. В онази нощ Бог бе спасил животите и на двама ни.

След случилото се реших, че ще е най-добре, ако Джейсън и аз се върнем в щата Мисисипи. Имах нужда да се махна от всичко и от всички. Глен бе осъден от Военния съд за употреба на наркотици. Ерик го разследваха, а аз нямах бъдеще там. И така, когато се върнах в щата Мисисипи, Ерик започна да се забърква във всякакви мащабни нечисти сделки. Бе даден на Военен съд от Военновъздушните сили и осъден за употреба на наркотици, както и за притежание и кражба на правителствена собственост. При мен нещата също не вървяха както трябва. Бях започнала работа като сервитьорка, но с припечеленото не можех да си плащам наема и ежедневните нужди; Ерик не ми пращаше никакви средства, макар че му плащаха допълнително, затова че с Джейсън бяхме част от семейството му. Най-накрая роднините му толкова се притесниха за него да не влезе в затвора, че платиха за завръщането ми в Аляска, за да свидетелствам в съда в негова полза.

И така, ето че пак бяхме в Аляска, което още в началото знаех, че е грешка, но чувствах, че нямам друг избор. Когато вече бях там, Ерик наемаше стая от някакъв разведен баща на две деца. След раздялата ни Ерик бе започнал да посещава стриптийз бар в гр. Феърбанкс, за да гледа една от стриптийзьорките. Редовно вземаше кокаин, но мен всъщност не ме беше грижа - върнах се, понеже роднините му ме помолиха, а и с парите никак не бях добре. Той продължи да ходи да гледа стриптийз-танците в този клуб. Дори една вечер ме заведе там заедно с всичките му военни приятелчета. Онази вечер бе „Вечер на талантите". Той ми каза, че иска да участвам в състезанието по танци, но аз отвърнах: „Не!". Но знаех, че беше по-добре да не му противореча. Това е **друга форма на насилие,** при която се изисква от жертвата да прави под заплаха неща, каквито не би искала.

Същата вечер ми предложиха работа, свързана с моделиране на обувки. Започнах да правя също така и пощенски картички. Харесваше ми, а и изкарвах добри пари. Обаче Ерик затъваше все повече и повече в проблеми с наркотиците и властите.

Веднъж той имаше много важна среща, на която трябваше да отиде, но се успиваше. Отидох да го събудя - ако не го направех, щеше да се ядоса; така че в крайна сметка напръсках лицето му с вода. В този момент той скочи и ме подгони, повали ме и започна да блъска главата ми в пода и да ме удря по лицето. Главата ми пулсираше от болка. Ръцете ми напипаха купичката за храна на кучето, с която го ударих. Единственото, което исках, бе той да се махне от мен. Избягах в другата стая, но не успях да му се изплъзна. Той ме хвана, блъсна ме и отново ме заудря по лицето. Аз се опитах да стана, викайки за помощ. Тогава видях двамата мъже, които стояха и гледаха как Ерик ме бие. Единият каза:

-    Хайде, Ерик, достатъчно.

Тази сутрин той ми бе разбил носа, а аз му бях счупила един зъб. През следващите седмици не бях в състояние да работя. Дори по време на процеса на Ерик във Военния съд имах тъмни кръгове около очите, които личаха даже изпод грима.

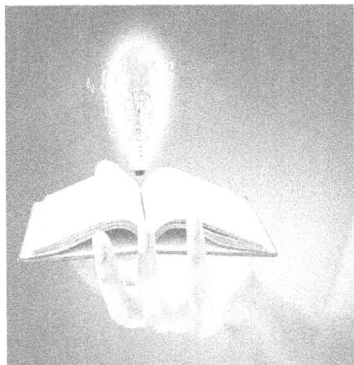

Тъй като сме човешки същества, нашата природа е доста сложна. В тази книга би ми било невъзможно да дам богословско обяснение на причините за личните ми вярвания. А и това не е основният проблем, разглеждан в книгата. Но се налага да изложа причините за съдбоносните си решения, понеже ние, хората, сме сложно устроени. Ние не вземаме съдбовни решения поради чувства. Би ли трябвало според Вас?

Нашите духовни търсения и причините за изборите в животите ни са дълбоко лични и това се отразява на ценностната система, която си построяваме.

Има ли живот след смъртта?

Това е един от най-отдавна изследваните въпроси в историята. Аз вярвах в това и исках да укрепя вярата си. Все пак през последните няколко години няколко пъти се бях доближила до смъртта.

И така, ще имаме ли живот след смъртта? Въпрос, който постоянно са поставяли философите хуманисти и езическите религии. Съществува ли живот в отвъдното?

Гръцкият философ Платон се е питал: „Ще живеем ли отново?", ала е можел да си отговори само така: „Надявам се, но човек не знае". А когато четем Библията, виждаме много ясни отоговори на въпроса: *Ако човек умре, ще оживее ли?* (Йов 14:14). Не е необходимо да сме велики философи, за да прочетем това, което пише в Библията: *и бях мъртъв, и ето, живея за вечни векове* (Откр. 1:18); *и никой, който е жив и вярва в мен, няма да умре до века* (Йоан 11:26).

Нуждаех се от тази надежда. Надеждата, че светът, в който попаднах и в който въведох сина си, не е безнадеждност и липса на отговори на важни въпроси като този.

Безнадеждността не е нещо повече от чувство, което идва

от измамника сатана. А такива променливи чувства оставят човека празен, душата му е объркана и търси отговори.

Много хора днес заместват истинската връзка със Създателя с рутинно ходене на църква, като прекарват един час в повърхностни ритуали, без никога да познаят или получат реалния дар на вечен живот.

В продължение на хиляди години са се насъбирали доказателства за истинността на християнството. Те са били отричани, сляпо поглъщани или пък пренебрегвани. Това само доказва изумителната сила на Божия Дух. Независимо дали хората вярват или не, истината продължава да се изповядва. Исус заповяда на последователите си да правят това, да отидат и да разкажат на какво са били свидетели, да кажат на света, за да може всеки да бъде благословен с вечен живот.

Въпреки цялото противопоставяне и гонения от страна на Рим християнството продължило да процъфтява. За Исус всеки от нас е стойностен и значим. Затова в Римската империя е имало стотици хиляди Негови последователи. Те са жертвали животите си, за да може бъдещите поколения да не живеят по езическите правила, съществували преди Христа. Тяхната вяра днес би била смятана за фанатична.

Днешните закони отказват на хората правото да умрат, дори и когато страдат на смъртно легло.

Това човек да отдаде живота си на някакво вярване, дошло от хора, които не познава, и да възпитава потомството си в него, е нещо трудно за разбиране. Да пожелаеш да промениш начина си на живот, вярвайки, че с това децата ти и техните деца ще живеят по-добре... Каква смелост и любов трябва да са притежавали хората, които са успели в това!

Как жертвата на Христос и последователите му е променила бъдещето на жени и деца

Жените не са били особено почитани до времето, когато се е появил Исус. А децата са страдали от жестокостта на римските обичаи. Но откакто Исус даде живота си, обществото е започнало да се противопоставя на такъв вид насилие и са се случили много промени. Така са се появили независимостта, свободата, напредъкът в науката; образованието, цивилизацията и степента на грамотност са достигнали своя връх при християнските народи. Научният прогрес можеше никога да не започне в контекста на вярвания като будизма и хиндуизма в Азия поради схващането там, че физическият свят не е реален и нищо друго не съществува освен Вселената или боговете, и даже всичко това е във въображението ни.

Така че може да се види защо избрах да бъда последовател на Исус Христос. Един от любимите ми стихове е: *да се изпълниш със Святия Дух* (Деяния 9:17). За мен това означава, че аз представлявам нещо повече от плът и кости, че имам дух. Нещо повече - има и област, невидима за очите. Бях станала Божие дете.

Когато започнем да гледаме на Небето като на своя истински дом, развиваме една вечна перспектива, от която всички скърби в света изглеждат временни. Дори да сме на тази земя, Небето е нашият дом. Възможно е за всичко да се доверим на Бог. Докато стигнем дотам, може да имаме трудности, но няма да стигнем, ако не вярваме в бъдещето. Ако този свят е всичко, което искаме, тогава единствената ни възможност е горчивината. Но ако вярваме, че има Бог, Който стои по-високо от нас и е по-мъдър от нас, и е приготвил място, където всички християни ще сме отново заедно с Него, изпълнени с радост и блаженство, това ни дава сила в мъката ни. Нека положим вярата и плановете за живота си в Бог и Неговата воля.

Да не се смущава сърцето ви; вие вярвате в Бога, вярвайте и в Мен. В дома на Отца Ми има много жилища. Ако не беше така, Аз щях да ви кажа, защото отивам да ви приготвя място. И като отида и ви приготвя място, пак ще дойда и ще ви взема при Себе Си, така че където съм Аз, да бъдете и вие (Йоан 14:13).

Освободете ума си. Не ограничавайте съзнанието и духа си, както правят хората в света. Вярвайте с цялото си сърце, че това, което е казал Исус, е истина. Защото Той е истина и светлина за онези, които Го приемат. Това е всичко, което иска Той - да Го допуснете в живота си и да приемете любовта Му.

Молитва: „Господи, Спасителю, аз вярвам, че един ден ще ме заведеш у дома, за да живея на Небето с Теб. Помогни ми да гледам на скърбите си през призмата на вечността. Нещата в този свят са много по-ясни, когато гледам към Теб".

Това е единственият начин да свържа понятията „любов"

и „доверие". Незаменимо е взаимоотношението с Бог Отец. Осмислих Библейския стих, който сравнява Божията любов с единствената истинска любов, почувствана от сърцето ми по онова време - любовта към собственото ми дете.

И така, ако вие, които сте зли, знаете да давате блага на децата си, колко повече Небесният Отец ще даде Святия Дух на онези, които Го молят! (Лука 11:13).

Така и направих - изповядах всичките си грехове от миналото. Плаках. Просто плаках и говорих на Бог като на свой приятел. С изповедта си казах на Бог: „Господи, съжалявам... Искам да бъда по-добра, да започна да се справям по-успешно, изграждайки взаимоотношение с Теб - моят Създател и истински Баща. Моля Те да живея с този нов дух на любов, като се науча да Ти се доверявам".

Тогава Той ми даде ново сърце, нова надежда и съзнанието, че вече не съм сама на този свят. Чувствата се променят, но Божиите обещания никога не се променят. Може другите хора в живота ми да се отнесат зле или да ме изоставят, но Бог винаги е до мен. Трябва само да Го помоля за това. Изпитах какво е вярата и сърцето ми стана меко. Цялото ми отношение към Бог и към мен самата се беше променило. Вече не чувствах върху гърба си тежкото бреме на миналите си грехове. Вече не гледах на Бог като на жесток палач, който само наказва, чакайки да се оплета в живота си. Най-сетне бях обичана безусловно, с вечна любов. Може би за пръв път осъзнах, че съм със свободна воля. Можех сама да взимам важни решения и да получа истинската любов на един Баща. Трябваше само да Го помоля за това.

Бог ни дава свободна воля. Не осъзнах или не разбрах богословската постановка, че оттук нататък всеки грях ще пречи на Божието благословение в живота ми. Знаех само, че съм уморена от празнотата на съществуването си. Може би беше време да се доверя на Създателя си и да спра да се мъча сама да си оправям живота. А и няма ли да е срамно, ако продължим да преминаваме през останалата част от дните си като безумни плитки хора без цели и вяра? На всички ни е нужна някаква вяра. Имаме и нужда от общение, както и да бъдем приети и обичани. А кой е по-добър в това от Този, Който ни е създал?

Направете свое лично изследване - четете книги, посветени на вечния живот и духовните учения. Добиването на знание е най-ефективният и удивителен начин човек да упражнява свободната си воля и да достигне до разрешение на объркването си относно нашия всемогъщ Създател.

Моето свидетелство за реалностите на живота

Този духовен прелом в живота ми постави основа на личната ми себереализация и на чувството ми на удовлетворение от себе си. Не, не станах това, което някои хора наричат "фанатичен сектант". Взаимоотношението ми с Бога беше по-скоро едно духовно пътешествие. Копнеех за възстановяване от болезненото си минало и прекършените си мечти. Всички мъчителни преживявания от детството ми и брака ми се нуждаеха от преосмисляне. Този път щях да използвам молитвата и да искам Бог да ме води по пътя на изцелението. Когато човек започне взаимоотношение с Бог, сякаш има нов най-добър приятел. Малките Божии чудеса, които някои наричат „съвпадения", се превръщат в изцелителна сила. Други казват, че ангелите ни пазят или има водителство на Святия Дух.

При това духовно взаимоотношение, което вече имах, беше нужно внимание и взаимодействие като при всяко друго взаимоотношение. Научих се да благодаря на Бог за някои неща като търпението и разбирането. Преди никога не съм била много търпелива. А и проявявах повече разбиране към себе си, отколкото към другите. Това е нещо положително (за разлика от себеосъждането и прекалената самокритичност) – то по-късно щеше да ми помогне, понеже вярата ми щеше да бъде изпитана и щях да се нуждая от много търпение и разбиране към себе си.

Отново свързана с Ерик

Ерик бе освободен след шест месеца служба в един военен затвор и дойде направо в щата Мисисипи - в къщата, където бяхме двамата с Джейсън. Все още го ненавиждах с цялото си сърце, а и имах основание да го ненавиждам. Бях гневна и объркана... Поради това, което четях и разбирах от Библията вече като християнка, мислех, че от мен се очаква да простя на Ерик и дори да помоля за прошка за извънбрачната връзка и за лъжите си! Чувствах се принудена да приемам отново Ерик. Вече нямах чувства към него и не изпитвах любовта, която една жена храни към съпруга си. Така че използвах новото си умение да се моля: помолих моя Отец да ми даде вярата, че можем да подобрим качеството на брака си. В онзи момент това беше повече от романтично. В крайна сметка Бог може да разреши всеки проблем, нали?

И така, смирих се и отново се събрах със съпруга си. Рискът беше огромен, но това бе най-доброто решение за семейството ни по онова време. Давах на брака ни най-добрия шанс, който някога е имал. А и бях потърсила възможно най-добрата помощ – тази на Бога. Бях се променила и малко пораснала - вече не бях тийнейджърка, а 20-годишна майка.

Съобщихме на членовете на семейството, че се събираме и естествено, всички много се радваха, че се опитваме да запазим семейството си. В щатския Юг най-важно е запазването на семейството здраво, защото Библията казва, че Бог мрази развода. Никой не се обезсърчи или уплаши от това примирие, като изключим мен. Не знам защо се изненадах от реакцията на роднините... Защо трябваше да очаквам в този момент семействата да проявят някаква загриженост?

От самото начало Ерик и аз започнахме да изпитваме безизходност от тези нови обстоятелства. Бракът ни винаги се затваряше в един затвор от военни удобства, които си създавахме с подреждане на домове, общуване с приятели, медицинска грижа и сигурност на работното място. В този момент Ерик се бореше да си намери работа и какъвто и да е подслон.

Искам да споделя с Вас стъпките, които ми помогнаха да превъзмогна години на насилие и малтретиране.

Снимка от Вероника К Ко

Изостряне на насилническото поведение на Ерик

Това се случи, когато Ерик настани брат си Чък в малкия апартамент, който бяхме наели в задната част на една стара къща. Ерик искаше да помага на Чък, тъй като Ерик бе по-големият брат. Чък бе на 19 години, нямаше работа, без пари да се обръсне (както се казва), без амбиции и с пълна липса на мотивация. Ерик работеше на място, където едва припечелваше толкова, че да можем да си плащаме сметките. Той изкарваше около 175 долара на седмица, но брат му пак беше на наша издръжка.

Минаха месеци... Аз продължих да се моля, но Ерик си остана същият, по-точно... стана по-зле... Пак се появи насилието, а бях решила да не търпя този брак, ако се започне старата песен на нов глас.

Точно тогава аз самата влязох в армията. Бях само на 20 по онова време и знаех, че мога да напусна Ерик, щом завърши обучението ми. Исках само да избягам от този брак, както и да се грижа за сина си. И така, записах се за три години в армията на Съединените щати. При това записване ми беше казано, че ако завърша училището за фризьори към колежа, ще имам по-висок чин в края на трите години. Това би означавало, че ще имам повече пари, за да мога да се грижа за Джейсън. Точно тогава реших да се върна към учението и да завърша последните шест месеца от програмата по фризьорство към колежа „Хайндс Джуниър". Проблемът бе, че живеехме на около 40 мили разстояние от колежа в гр. Язу, щата Мисисипи. Щеше да ми се наложи да ползвам общежитие. Така Ерик и Чък щяха да се грижат сами за Джейсън, докато завърша.

Получих финансова помощ за завръщане към учението и всичко се подреди. Имах самостоятелна стая в пансиона и ми беше определена дата за начало на основното обучение - 15 юни, 1983 г. Чувствах се силна и съсредоточена, с краткосрочни и дългосрочни цели.

Чувствах се едновременно силна и болна

Трябваше да се консултирам с акушер-гинеколог и затова си записах час в една клиника в гр. Джаксън, в която бяха намалили таксите за преглед. За семейства с ниски доходи посещението беше 25,00 долара. Дори ми дадоха безплатно противозачатъчни хапчета.

Когато се прибрах, Ерик разбра, че съм подписала чек за 25,00 долара и буквално побесня. Зашлеви ме по лицето, повали ме на пода и се върна към обичайните си пристъпи на ярост. Озовах се просната на пода в този стар апартамент, като си търсех място за криене под старото вмирисано легло. Искаше ми се да пропълзя под него и да се скрия като малко дете, докато отмине бурята. Но не можех, а трябваше да се предпазя - свих се на кълбо, докато той се успокои. Не можех да избягам - сега имах 18-месечно бебе, за което да мисля.

Всичко, което беше по силите ми, бе да направя план как да се отърва от тази бъркотия, като остана съсредоточена над целите си. Минаха няколко дни и получих обаждане от лекарския кабинет. Късно беше да прибягвам до противозачатъчните хапчета – сестрата каза:

- Поздравления! Бременна сте!

Каква изненада! Щях да имам още едно бебе. Това обясняваше неразположенията и пропуснатите ми месечни цикли, на които до този момент не обръщах внимание. Гледах на тази новина като на благословение. Преди две години ми казаха, че никога няма да мога да имам повече деца, а сега пак бях бременна. Мислех си, че може би това ще е сестричка за Джейсън. Лекарите казаха, че ако след Джейсън забременея отново, трябва да се действа бързо, в случай че ракът се завърне. Това, разбира се, би довело до промени в плановете ми за армията, но поне можех да завърша фризьорското училище преди датата на термина - 15 юли, 1983 г.

Сега вече трябваше да кажа на Ерик какво се е случило. Страхувах се да му го кажа, затова изчаках един месец, преди да го направя. И когато му казах, го прие спокойно... Всъщност изрази отношението си, като просто заяви, че не можем да си позволим друго дете.

- Ще се обадя да потърся място, където ще може да абортираш!

Помислих си: „Аборт!". Но не казах нищо. Не исках да се боричкам с него. Знаех, че няма да позволя това да се случи. То беше срещу всичко, на което бях учена, а и все пак исках бебето!

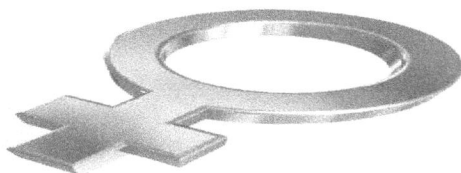

Знаех, че ако мама разбере, че съм бременна, то Ерик не би могъл по никакъв начин да ме принуди да направя аборт. Така че реших да си съставя план. Казах на Ерик, че ми трябва колата, за да занеса мръсните дрехи в обществена пералня, и ги натоварих. Но вместо да отида там, запраших за гр. Джаксън, където живееше мама. Затичах се разплакана към дома ѝ, като ѝ казах, че съм бременна и че Ерик вече ми е уговорил час за аборт. Точно тогава и там разбрах, че спасявам детето си.

Хей, Югът си има своите лоши страни, но понякога тази моя консервативна майка може да свърши много добра работа в помощ на каузата ми. На Юг, където бяхме израснали Ерик и аз, абортът никога не е решение, още по-малко за семейна двойка. Не осъждам никого с написаното в тази книга, не я използвам за прокламиране на кауза, а просто разказвам историята си.

Когато се върнах, Ерик видя, че не е изпрано. Веднага, още в колата, му казах къде съм била. Толкова се ядоса, че съм го победила този път... Но беше безсилен да направи каквото и да било. Знаеше, че е изгубил тази битка, но никога нямаше да позволи да забравя за чувствата му относно желанието ми да запазя бебето.

Това щеше да е началото на най-ужасния период, който мога да си спомня. Не искам да се опитвам да пресъздам кошмара, през който преминава една бременна майка, когато е физически и психически насилвана. Трудно ми е да намеря думи, които биха описали точно чувствата ми. С това двойно насилие, което беше толкова проникващо - не ставаше въпрос само за някоя случайна ненормална постъпка, а за една вечна разрушителна действителност в живота ми...

Ролята на нашата култура и общество

Искам да покажа как нашата култура, религия и закони накърняват правата на най-уязвимите в обществото. Като младо южняшко момиче ме учеха, че животът ще изисква от мен зависмост от един мъж – съпруга ми, както и от семейството ми. Това може да звучи като нещо добро, но като жени от Юга, от нас се изискваше да останем с мъжете си, дори когато се държат зле. Даже има песни, в които жената стои „до мъжа си". Ние постоянно се съмняваме в собствените си способности да се грижим за себе си. Особено ако човек е израснал в дом, подобен на моя в детските ми години, където отчаяно е търсел нещо, което не е могъл да има. Ах, това чувство за сигурност...

Измамата на религията

Религиозните ни корени отново ни учат, че трябва да държим на брака без значение от насилието, понеже Бог мрази развода. Но това ли е казал Бог? Би ли искал Той да живеем в болка?

Неефикасни законови мерки

Законът дори ни създава по-голямо напрежение чрез битките за попечителство, заповедите от Агенциите за закрила на детето, глобите, удръжките, които изглеждат излишни и изискват скъпи процедури.

Другите злоупотреби на Ерик

Най-унизителния инцидент, за който мога да си спомня, ще нарека „случката с къпането". Всички ние се бяхме върнали в гр. Джаксън. И като казвам „ние", имам предвид Ерик, брат му Чък, Джейсън и аз. Намерихме един евтин апартамент. Бях се запътила към болница „Милосърдие" за предродилна консултация. Там лечението беше доста различно от грижите, които бях получила при военните... Още посещавах фризьорското училище, бях в седмия месец от бременността си, вече с издут корем. Бях в банята и си вземах душ, започнах да нанасям шампоан на косата си. Точно тогава Ерик влезе в банята. Блъсна прозрачните врати пред ваната, взе сапуна и другите принадлежности за баня. Започна да ме дърпа от ваната, държейки ме за косата. Изпищях, усещайки как шампоанът люти на очите ми.

-   Какво има?! Какъв е проблемът?!

Той само ме завлачи през металните прагове на прозрачните врати надолу към коридора. Аз бях цялата мокра, покрита със сапун, гола. Виках към брата на Ерик, но той само стоеше там и гледаше. Гледаше как брат му ме удря, включително в корема... По лицето, после пак в корема и пак по лицето... Всеки път, когато вдигах ръце, за да се защитя, той насочваше ударите си на друго място.

Шампоанът изгаряше очите ми, замъглявайки зрението ми, а тялото ми се тресеше от студ и влага. А съпругът ми, моят пазител, снабдител, любовта ми, продължи да удря корема ми и нероденото ми бебе. Молех го да спре, като му казвах, че ще изгубя бебето. Той отговори:

- Дано го изгубиш!

Помолих го да не ме удря в корема, но той продължи в същия дух. Аз се покрих отпред с две ръце и се свих като бебе в корема на майка си, докато той за наказание ме удари по-силно по лицето. Започнах да пълзя като победено животно и се опитах да покрия голото си бременно тяло. Ерик стоеше там до брат си, като се смееше и говореше колко грозно е тялото ми. Каза на брат си да гледа:

- Виж, човече, колко грозна може да бъде бременната жена!

Никога не разбрах защо той ме нападна в онзи ден. Така или иначе това няма значение, но страдащите от насилие мислят по този начин. Когато човек е в едно взаимооношение, винаги си задава някои въпроси: „Какво?", „Кога?", „И защо?".

Спомням си конкретно за едно нещо, което се случи при нападението под душа. Помня колко унизена се чувствах, като виждах как ме гледат онези двамата да пълзя в търсене на безопасност. Помня и колко щастлива бях, когато разбрах, че поне детето ми е оцеляло при тази атака. Понеже Ерик бе безмилостен при тази бременност, точно както беше и при първата.

Вече редовно започнах да ходя на обучителните си курсове с отоци и синини. Беше съвсем ясно какво се случва у дома, не можех да лъжа повече. Колегите ми ме виждаха да идвам на училище без никакви пари за обяд - Ерик на първо място пощуряваше, затова че ходя там. Така че ме наказваше, като не ми осигуряваше храна. Не ме водеше на предродилни консултации и не купуваше витамини за поддържане на здравето ни. Казваше:

- Ти го искаше това бебе, оправяй се.

Тогава се запознах с Томи – 1983 г.

Първия ден, когато срещнах Томи Луис, беше много интересно. Той бе нов курсист, който дойде в класа в средата на срока. Всички знаехме, че преподавателят ни е толкова предубеден, че не би позволил да влезе мургав курсист в „Барбър Колидж", където преподаваше от повече от двадесет години. Ако някой тъмнокос младеж кандидатстваше за програмата, неговите документи ненадейно се изгубваха. Но пък същият преподавател се дразнеше, че бръснарската професия и училища са завладени от жени. Така че той все пак позволи на Томи да присъства на занятията – преподавателят веднага приветстваше всеки мъж, независимо от поредността или наличността на свободни места. Всички знаеха, че Томи току-що е излязъл от затвора и че влизането му в колежа е част от сделката за ранното му освобождаване.

Видът на Томи наистина нямаше нищо общо с модните прически. Носеше военни панталони и червена връхна куртка, две верижни обеци и беше с дълга до раменете кестенява къдрава коса, за която бяха закрепени големи очила.

Но имаше добра страна - беше тренирал в затвора (знаете как затворническата система дава възможност на затворниците да бъдат във форма). Поради това той изглеждаше страхотно. Често показваше какво може, като правеше по сто лицеви опори, ако някой му кажеше.

Аз седях на един бръснарски стол и разговарях с няколко приятели, когато Томи дойде. Вече знаех, че той е наясно с мнението ми за него – „лошо момче". А аз, естествено, не обичах такива мъже. Погледнах го и му казах:

-   Приличаш на педал. Погледни се, с тези смешни обеци и с този червен... ха-ха!... елек!

(Всичките ми хомосексуални приятели използваха думата „педал" шеговито. Иначе всеки знаеше, че не съм хомофоб.)

Не знам откъде дойде тая персонална атака... Всъщност знам. Мразя мъжете-отрепки, които си мислят, че винаги са прави! Томи толкова ми се ядоса, засрамих го пред всичките тези нови хора. Тогава той каза директно, че ако бях мъж, щеше да ме срита отзад! Засмях се, защото лошото му мнение за мен звучеше толкова правдоподобно. Отговорих с усмивка, или по-добре да кажа с мазна усмивка, потупвайки подутото си коремче и казвайки:

- Съжалявам, Томи, аз не съм мъж!

Другите курсисти не можеха да се начудят на дързостта ми. Предполагам, че Ерик ми беше омръзнал толкова много, заедно с всички мъже като него, които си мислят, че силата им е равна на власт.

За моя изненада на Томи му харесваше моето бунтарско южняшко отношение. Навсякъде ме следеше, носеше ми обяд и дори ме закара до дома ми един ден, когато не ме взеха. Томи знаеше, както и всеки друг от бръснарницата, че Ерик ме насилва. Когато пристигнахме в апартамента ми, Ерик се връщаше от работа. Томи изскочи от колата и набързо му се представи. Не след дълго те двамата седяха в апартамента, пушейки марихуана и държейки се като стари приятели, които не са се виждали отдавна. Тогава аз бях тази, която не можа да се начуди на дързостта на Томи.

Тогава братът на Ерик – Чък – вече се беше преместил. А Ерик се беше отпуснал, седейки и пушейки опиум с някого. Седмиците минаваха и Томи започна да ми намеква за своите истински чувства към мен, как се е влюбил в мен и колко иска да напусна Ерик. Казах му, че вече съм минавала през подобни ситуации, но съм станала християнка и няма да изневеря на съпруга си.

Тогава той ми подари обеци, обсипани с диаманти... Каза, че са за мен... Категорично отказах, заявявайки, че не е правилно една семейна жена да приема такъв скъп подарък от друг мъж. Дори се прибрах и споделих с Ерик това, което Томи каза и направи, за да знае, че нямам тайни от него и не го мама. Ерик по-късно реагира на това, като се провикна пред всички момичета около бръснарницата:

- Мислиш ли, че си му притрябвала такава бременна дебелана? Щом е толкова тъп да ти подарява такива диамантени обеци, взимай ги.

Никога не казах на Томи за този разговор, нито приех обеците.

Седмица след това Ерик покани Томи да се премести у нас като съквартирант. Аз възразих и казах на Ерик, че Томи прави това, само за да се приближи към мен! Ерик каза, че Томи ще плаща половината наем, така че какъв ми е проблемът? Нещата наистина се подобриха, когато Томи се присъедини към нас. Наемът се плащаше навреме, а Ерик и Томи се спогаждаха страхотно. Ерик дори спря с насилието над мен. Сякаш Томи бе премахнал напрежението от Ерик. Но Томи също така бе поел и ролята на съпруг и баща, като се изключи секса. Ерик не го интересуваше нищо друго, освен да пуши марихуана. Томи беше този, който ме водеше на лекар, на пазар... и който ми помагаше в домакинството. Всичко беше наред с изключение на това, че бях изкушавана. Вече не гледах на Томи по същия начин. Беше се променил изцяло вътрешно и външно. Бе извършил пълно личностно преобразяване. Вече имаше прилична прическа, заменил бе големите диоптри с контактни лещи и бе изхвърлил онези тъпи обеци и шантавите дрехи. Но най-важното бе, че ми показваше колко много ме желае чрез красивите си постъпки и аз вече се усещах, че съм податлива на изкушението.

Раждането на красивото ми второ момченце

Какво специално време е това за едно семейство – раждането на нов живот, още едно мъниче... Но когато казах на Ерик, че имам родилни болки, той реагира по вече познатия ми начин:

- Не може да раждаш сега - има още 6 седмици до термина.

Томи поиска да ме заведе до болницата, но аз нямах желание той да се меси повече в живота ми, както беше правил досега. Исках да устоя на това изкушение. Така че се обадих на майка си да дойде и да ме закара в болницата. Имах болки часове наред, Томи се опита да ми дойде на посещение, но аз му отказах. След това ме преглеждаха няколко лекари в тази благотворителна болница и след 30-часово раждане най-накрая на бял свят се появи Брайсън! Той тежеше 2,4 кг. и беше дълъг 47 см. Друго, което си спомням, е как се събуждах по средата на претъпкан болничен коридор, с подгизнали от кръв чаршафи и одеяла под мен, без никого до себе си. Най-накрая ме навряха в една стая, където ми казаха, че бебето не може да бъде заедно с мен в стаята. Отидох с една инвалидна количка направо в сектора за новородени, за да видя какво се случва.

Той не беше там и аз много се уплаших, когато ми казаха, че е преместен в интензивното отделение поради дихателна недостатъчност. Останах до него, докато не ме накараха да се върна в стаята си. На другия ден той беше по-добре и го преместиха при останалите новородени. Толкова бях щастлива, че най-накрая той е там, здрав. Сега вече имах две малки момченца.

На другия ден поисках хирургична интервенция с цел стерилитет, но лекарите умишлено не обявиха операцията на лекарското табло. Попитах ги защо и те ми казаха, че нямам навършени 21 години и не трябва да се извършва такава интервенция при непълнолетни. Просто бях имала такива негативни преживявания с предишните си раждания, че последното нещо, за което исках да мисля, бе да имам още деца. Преди да ме изпишат от болницата, говорихме с Ерик. Казах му, че ако нашият брак е истински поне наполовина, той би трябвало да изгони Томи от дома ни, преди да се прибера с бебето. Той се съгласи и помоли Томи да напусне. Когато се прибрах от болницата, Томи няколко пъти звъня - искаше да дойде да види бебето. Човек би помислил, че детето е негово! Най-накрая му позволих да го види през прозореца на апартамента.

Изневярата на Ерик

Докато се възстановявах от раждането, започнах да получавам странни телефонни обаждания. Оказа се, че са от новата любовница на Ерик. Той ми призна, че е правил секс с приятелка на братовчедите си, но се оправда, че е било само поради моята бременност. Това разби сърцето ми и му се развиках, че е могъл да зарази детето ни с някаква болест. Знаех, че не му пука особено.

Той ме блъсна на пода и ме хвана за лицето, съскайки:

- Затваряй си скапаната уста!

Следващите седмици бяха една постоянна борба за мен... Ерик и Томи отново се държаха като приятели - смъркаха заедно кокаин. Ерик бе спрял да плаща наема, когато Томи се изнесе, така че ни изхвърлиха от апартамента.

Тогава всички се преместихме в една къща. Аз започнах да страня от Ерик, като му казах, че с тая пародия на брак е свършено. Злоупотребата му с наркотици и изневерите му се бяха увеличили, а чашата на моето търпение преливаше. Дори намирах сутиени по джобовете на ризата му. Всичко бе свършено.

На Рождество всички отидохме в дома на мама за празничната вечеря. Шегуваха се на масата, че съм дошла с двама съпрузи. Беше ми писнало от насилието и наркотиците. Накрая поставих на Ерик следното условие: или отказва наркотиците, или вземам децата със себе си и го напускам. Той отвърна:

- Ще се друсам, докато стана на 90.

Подкрепям използването на марихуана за медицински цели, но Ерик бе затънал в нещо повече от употреба на марихуана. Аз му казах:

- Ще си спомняш какво съм ти говорила, но тогава вече ще си сам.

Това беше краят – край на хаоса, край на брака.

Насилието над съпругата като обществен проблем в Америка

Ето друга важна част от пъзела, за която разбрах в по-късен етап от живота си - в щата Мисисипи обществото започна да дава публичност на проблема с насилието над съпругите след 1983 година. Най-после бяха отворени приюти за жени, претърпели домашно насилие. Този въпрос изскачаше в общественото пространство в продължение на около 10 години и накрая се превърна в медийна сензация. Докато доказателствата сочеха нуждата от професионално внимание към проблема, обществото най-сетне беше подробно запознато с този въпрос. Хората се чувстваха отговорни да помогнат с изграждането на приюти и професионални образователни програми срещу домашното насилие.

Когато напуснах Ерик през 1983 година, все още нямаше специално изграден приют, където да намерим убежище от насилието. Нито се оказваше адекватна помощ на жени като мен. Обществото се дистанцираше от този въпрос и посегателството над жените си оставаше само зад четирите стени на дома. От жените, живеещи в щатския Юг, се очакваше да си мълчат относно домашното насилие. Същото важеше и за семействата, засегнати от този културен и социален проблем.

Исторически практики, свързани с насилието над жени и деца по света

Трябва да подчертаем факта, че до 1983 г. приют за пострадали от домашно насилие жени не бе отворен, тъй като пропагандата съпругата да не се счита за собственост (вещ) тъкмо бе започнала. Взаимоотношенията между членовете на семейството имат своите исторически корени и това мъжът да удря съпругата си е било нещо напълно нормално през годините. Има един индиански обичай, който се нарича „Съти". Според него, когато съпругът умре, жена му бива изгаряна жива с тялото на мъжа ѝ. Според африканските традиции, когато някой вожд умре, от първата му жена се изисква да влачи тялото му на гърба си, докато допълзи до дъното на гроба. Там тя бива заровена жива заедно с тялото на съпруга ѝ в знак на това, че е едно от притежанията му. През хилядолетията жените са усещали осезателно потисничеството на мъжете, като са им били отказвани най-основни човешки права. Днес жените още преживяват такива зверства: те са изнасилвани, осакатявани, омъжвани и развеждани насила, вкарвани в затвора, контролирани, пленявани, купувани, продавани и дори убивани.

Да, определено имаме някои програми със съответните специалисти, които провеждат социологически изследвания. Правят се масови демонстрации с цел информираност   и превенция на домашното насилие и малтретирането на жени като цяло. Има и експерти, провеждащи проучвания с цел установяване на факти и запознаване на обществото с тях. Всичко това е чудесно, но все още изглежда не съществува сигурно прибежище за пострадалите. Обществото като цяло трябва да промени отношението си на апатия и да пожелае да разбере по-добре пострадалите. То трябва да се вслуша в гледната им точка. Да признае, че самото общество не може да функционира нормално с подобен проблем. Една пострадала от домашно насилие личност се нуждае от основните неща. Ще обърна повече внимание на този въпрос по-нататък в книгата.

Ново завъртане в спиралата на насилието

Познавам няколко класически примера за домашно насилие и за неговата повтаряемост при всяко следващо поколение. Нека погледнем на Ерик като на трагичен пример за човек, възпроизвеждащ насилническото поведение на баща си. Той е възприел модела, по който баща му е реагирал на стреса, на някои социални и психологически дразнители. Смятам, че същите фактори в моя живот са определили примиряването ми с домашното насилие и приемането на нездрави взаимоотношения с хора, упражняващи физически или психически тормоз върху мен. Склонността ми да търпя неправилно поведение произлизат от едно културно наследство. Това, което сме наследили от културната си среда, оказва влияние върху бъдещето ни, както и върху нашите решения в живота. Южняшката ми култура гласи, че е напълно приемливо един мъж да удря жена си по всяко време, само за да ѝ даде да разбере кой е шефът. Тя трябва да е наясно кой командва и кой е мъжът вкъщи. Повечето жени от Юга се научават да приемат такова поведение и се превръщат в мъченици, само и само да оцелее семейството.

Госпожа Независима

Колко независимо може да бъде едно 20-годишно момиче като майка на две деца? Джейсън беше на две години и половина, а Брайсън - на шест месеца. Говорим за жена, която е без никаква подкрепа, която е под голямо напрежение и е изключително нещастна. Казвам „нещастна", защото по това време не разбирах какво представлява депресията. През годините щях да се сблъскам с множество кризисни ситуации. А човек не може да се отърве за една нощ от техните последствия върху психичното си здраве. Но имах способността да направя една малка крачка. Обещах си никога повече да не сключвам брак. За човек в тежко положение като моето това беше най-трудното решение, което трябваше да взема. Правейки тази стъпка, с това решение в ума си, аз в същото време си върнах семейството!

Томи - моят рицар в бляскави доспехи

По това време Томи бе станал моята канара, моят принц. Бе дошъл да ме спаси от „злия Ерик". Влезе направо в живота ми, помогна ми с възпитанието на децата и ми стана единствена опора. Но му дадох да разбере, че не ми трябва още едно такова взаимоотношение. Освен това чувствах, че Томи и аз бяхме живели много различно един от друг. Баща му го бе отгледал в провинцията, като след развода на родителите му направо са го изолирали през по-голямата част от детството му. Аз, от друга страна, бях отгледана в звукозаписно студио или на път, като постоянно работех и се срещах с различни хора. Томи никога не се бе женил и нямаше деца. А последното нещо, което аз исках, беше пак да се омъжа. Тогава дойде друга изненада.

На път е бебе номер три – 1984 г.

Да, пак бях бременна. А Томи бе на върха на щастието. Поиска да се оженим, веднага щом разводът приключи. Но аз, откровено казано, бях в шок. Мислех си: „Какво, по дяволите, съм направила? Разводът дори не е приключил, а аз пак съм бременна и се обсъжда поредна женитба!".

Напрежението започна да назрява, когато Ерик отново се захвана да ме преследва. Пак започна да се обажда и през цялото време наблюдаваше апартамента ни. Дори излезе, че прекалява, като живее с друга жена. Но и с този факт налице, той пак искаше да запази контрола си над мен. Имаше някаква ирония в това, че по време на тези проблеми излезе една песен на Стинг, озаглавена *Ще те наблюдавам*. Тя през целия ми живот щеше да предизвиква у мен болезнени спомени за преследване от миналото ми с Ерик. Естествено, тогава не знаех нищо за механизма, по който изникват мъчителните спомени. Понеже, ако се сещате, тогава нямаше никакви образователни програми, посветени на домашното насилие.

Последното нападение на Ерик

Беше късно през нощта и децата спяха. Томи и аз тъкмо бяхме изгледали един филм, когато той стана и започна да се приготвя за тръгване. Точно тогава телефонът звънна - беше Ерик. Плачеше и ме умоляваше да говоря с него. Питаше отново и отново дали може да дойде и дали съм сама. Казах му: „Да, сама съм". Но не, не исках да идва и да говоря с него. Каквото и да имаше да каже, можеше да го съобщи на адвоката ми! Затворих телефона и погледнах Томи, който още стоеше на вратата. Чакаше да си вземем довиждане и слушаше разговора. Попита дали искам да остане при мен. Казах „не". Бях добре, така че той тръгна. Това беше един от редките случаи, когато апартаментът беше изцяло на мое разположение. Исках да остана на спокойствие, за да мога да се погрижа за децата си. Само минута по-късно дочух слабо почукване на вратата. Помислих си, че е Томи. Може би си беше забравил ключовете или нещо друго. Отворих вратата. И какво да видя... На прага стоеше Ерик. Веднага се опитах да тръшна вратата в лицето му, но той влезе насила в апартамента. Изведнъж започна да ме удря по лицето, наричайки ме „лъжкиня", без да спира да крещи:

- Ти, мръсна уличнице! Видях как Томи тръгва. Той беше тук, а ти излъга, че си сама!

Започнах да викам за помощ, а той, както винаги, ме хвана за косите и започна да ме влачи по пода.

Тук ще си позволя да бъда леко саркастична. Предполагам, че писъците са обезпокоили съседите ми. Защото те подадоха оплакване срещу мен до домоуправителката. Това не ми помогна особено. Тя дойде до апартамента ми и ме помоли да сведа шума до минимум. Аз си мислех да ѝ кажа: "Толкова съжалявам, че бившият ми съпруг Ви обезпокоява, като ме бие... Ей, хора, не можете ли да извикате полиция или друг орган на реда?". Ерик стоеше точно зад мен, сякаш бях заложник. Ако наистина бях казала нещо, положението щеше да се влоши. Домоуправителката трябваше да е сляпа, за да не види сълзите и белезите навсякъде по лицето ми. Тя със сигурност разбираше какво става! Защо не повика полиция? Защо?! Това беше типичната реакция на обществото, с която се сблъсквах почти навсякъде. Никой не искаше да се замесва, а най-малко пък в личните проблеми на хората.

Опитах се да избягам, скривайки се в спалнята си. Но Ерик влезе със сила там. Леглото ми беше старинно, с високи дървени табли от двете страни. Той ми запуши устата, за да заглуши писъците ми. Задушаваше ме... Колкото по-силно ме удряше, толкова повече залитах назад. Последното, което можех да чуя около себе си, преди да ми причернее, бяха писъците на бебетата ми в съседната стая. Тогава осъзнах, че той едва не ме задуши пред погледа на Джейсън. Побягнах към вратата, избутах го навън, затворих я и завъртях ключа. След това извиках Томи и го помолих да се качи. Точно тогава коремът ми започна да се присвива от болки. Много се страхувах, че Ерик може да е причинил помятане. Макар че не бях планирала тази бременност, ситуацията вече ми беше ясна.

Томи се върна и в онази нощ спа пред вратата, в случай че Ерик се опита да нахлуе отново. Имаше нещо похвално в тази негова постъпка: той бе Пазителят на новото си семейство. И както споменах, Томи за мен се бе превърнал в рицар с бляскави доспехи и имаше някои страхотни качества. Първо, беше много работлив и за необходимото време осигуряваше спокойна атмосфера за семейството ни. Редовно излизахме заедно на семейни вечери. Нямаше никакво насилие. Нуждите ми бяха задоволени и се чувствах обгрижвана, когато бях с Томи. А това беше нещо, което не бях изпитвала от месеци.

Все още ми беше трудно да приема предложението за брак на Томи. За мен сключването на пореден брак беше като доброволен скок в ада! Но на Юг живеем „препасани" с библейските принципи, които ни учат, че съвместното съжителство без брак е грях. А това да имаш бебе без брак с бащата, е дори още по-лошо. Имам предвид, че се притеснявах от това „какво ще кажат хората". Винаги хорското мнение и мислене са имали значение. Но пък и духовната ми страна искаше да имам правилно взаимоотношение с Томи в Божиите очи. Не ми пукаше толкова от другите хора и от това какво ще си помислят, колкото най-вече духовната ми същност страдаше до края на брака ми с Ерик. Залитах в обхождането си с Бог. Как можа Той да позволи на Ерик да постъпи така с мен, ако ме обича?

И така, предложих на Томи следната сделка: да казваме на всички, че сме женени. Щяхме да правим това, за да може семействата ни да не ни притискат за брак или да заставят мен да се омъжа само поради бременността ми. Тогава Томи ми каза, че имаме право на здравни осигуровки за раждането на бебето, при условие че сме женени. Спомних си ужасното отношение, което бях получила в болницата за неосигурени лица, когато родих Брайсън. Лежах в едно помещение с още 30 други жени, които стенеха, плачеха и пищяха от родилни болки. Не беше точно родилната атмосфера, за която мечтаех... Мислех си, че това ще бъде последното ми дете и исках да запазя хубав спомен от раждането му. Просто исках животът ми да бъде като този на нормалните хора.

Най-неловкото беше това, че трябваше да кажа на майка си и на втория си баща за бременността. По принцип е прекрасно да чувстваш силата на обичта на родителите си... Такива съдбоносни решения бяха основани на одобрението или неодобрението на родителите ми. Някои хора биха си помислили, че родителското мнение не би трябвало да е чак толкова важно за една 21-годишна пълнолетна жена и разведена майка на две деца. Но аз винаги се чувствах неадекватно покрай майка си. Винаги съм носела нейното отрицателно отношение към мен в подсъзнанието си. Определено знаех какво ще каже тя и аз казвах същото на себе си:

- Какво става с теб?! Пак си бременна, а още не си разведена!

Но към четвъртия месец бременността постепенно започваше да ми личи и аз не я криех от тях. Отидох в дома им и всички стояхме заедно в кухнята, докато разговаряхме за това... Те започнаха да обмислят развода ми и да обсъждат от какво ще има нужда една разведена майка, включително и потенциална бъдеща любов. Започнаха да споменават за техен приятел адвокат, който би могъл да се заинтересува от запознанство с мен. Точно тогава ми се прииска да им кажа: „Бременна съм и то не от вашия адвокат. Бременна съм от

Томи!".

Трябваше да видите лицата им. Мислех си: „Да, познавам мама. Според нея пак съм сгрешила с безотговорното си поведение и избора си на съпрузи". И тогава част от мен сякаш изпитваше удоволствие от това да се държи лошо. Поне бях привлякла вниманието ѝ. Сигурна съм, че те си мислеха, че дивото дете пак е направило глупост, като е забременяло. Но Томи се отнасяше с мен добре и децата го обичаха. Дори започна да строи за нас къща, в която да се преместим, тъй като ни гонеха от апартаментите заради плача на децата.

Нашата сватба в малката провинциална църква – 1984 г.

Организирахме сватбата си в малка провинциална църква само с няколко члена на семейството за гости и малка торта. Бях щастлива, че мама е там. Исках този брак да има благоволението на Бог. Не исках да ме бракосъчетае просто някакъв съдия като миналия път. Мислех си, че всички са приели бързите промени, които бяха настъпили през последните шест месеца. Изглежда се радваха за нашия брак.

Много бързо разбрах нещо за Томи: той обичаше предизвикателствата и току-що бе постигнал целта си. Точно както бе ми казал веднъж, когато още бях омъжена за Ерик:

- Един ден ще си моя жена.

Спомням си, че се засмях, когато той каза това. Не съм си и мечтала, че то един ден ще се осъществи.

Тъй като церемонията беше набързо импровизирана, след нея нямаше прием или тържество. Освен това, ако бяхме организирали празненство, хората щяха да забележат, че съм бременна. И така, Томи и аз, Джейсън и Брайсън заехме всички всички места в колата и потеглихме обратно към апартамента. Тогава казах на Томи:

- Хей, хайде да излезем да хапнем нещо някъде и да празнуваме!

През последните няколко месеца бяхме посетили няколко ресторанта със семейна атмосфера. Точно тогава Томи каза рязко:

- Какво?! Утре съм на работа.

Бавно се обърнах надясно към прозореца на колата и сведох глава в знак на покорство... Пред очите ми започнаха да се изреждат като на филмова лента сцени от целия ми изминал живот. Точно в този момент осъзнах, че съм направила поредната огромна грешка. Неговото отношение в онзи ден определи тона на целия ни брак. Меденият ни месец би трябвало да е белязан с романтика и любов, но ние въобще нямахме такъв. Томи каза, че е изморен, врътна се и заспа.

Това беше новият Томи, семейният Томи. Предизвикателството беше преодоляно - той вече имаше жената-трофей, при това боса и бременна. Това беше също така неговият начин да ми покаже, че той контролира всичко. Така работи южняшкото мъжко мислене или може би трябва да кажа „добрата стара момчешка система". Но определено знам, че южняшката култура втълпява на мъжете, че брачното свидетелство по принцип представлява документ за притежание.

Истинският Томи се проявява

Поведението на Томи драстично се промени, най-вече ревността му. Това също е черта на „мъжкаря": *Сега принадлежиш на мен. Мое е фамилното име/брачното свидетелство.* Томи започна да ми казва какви дрехи да обличам и какви да не обличам. Започна да ми казва къде да ходя и къде да не ходя. Взе да се обажда вкъщи от работата си по всяко време на деня и нощта, „за да ме чуе". В началото част от мен си мислеше, че проявява загриженост. Но си спомням как ми забраняваше да ходя на басейна – нещо напълно нелепо от негова страна. Опитах се да му обясня, че там никой не ми обръща внимание, тъй като съм в шестия месец от бременността си и имам вече две деца. С момчетата искахме само да поплуваме. Беше лято! Беше горещо! Какво лошо можеше да стане? Започнах да се притеснявам от маниакалното му поведение. **Знак за тревога.**

Но си мислех: „Е, явно той ме обича", защото Ерик никога не бе изразявал толкова загриженост и ревност. Ерик дори искаше да се събличам пред чужди мъже, това му доставяше удоволствие. Така че се научих да се приспособявам към начина, по който Томи се отнася към съпругата си.

Томи ми строи първия нов дом

Построихме новия си дом в провинцията и се преместихме там. Това беше една чисто нова къща с четири спални и две бани на земя от четири акра. Това, че повече не се налагаше да плащаме наем, бе толкова хубаво. Имах свой собствен дом. Вече децата ми можеха да тичат на свобода в градината. Можехме да си позволим кучета, коне и какво ли още не. Можех да си пускам музика колкото силно искам. Естествено, ако Томи се навъртше наоколо, трябваше да е музиката, която той харесва. Имаше нови правила, с които трябваше да свикна, за да стана идеалната малка съпруга.

Толкова се забавлявах, докато подреждах дома си. Готвех вечери с по няколко ястия. Всичко ставаше готово навреме, когато съпругът ми се връщаше от работа през главния вход. Домът ни се изпълваше с уханията на вкусната южняшка кухня. Мама ме беше научила да готвя. Винаги пробвахме нови рецепти, затова готвенето беше сред любимите ми занимания.

Сексуалният ни живот беше изпълнен със страст и любов. Много ми харесваше стабилността, която Томи бе донесъл в живота ми. Най-много обичах да съм у дома с децата. След три години в ада с Ерик чувствах, че съм наистина щастлива.

Започнах да се издигам над малките неудобства като това *да не мога да се срещам с някои приятели, изолацията и непрестанната ревност*. Неприятностите започнаха, когато Томи не искаше да плаща за храната и пелените на децата. Тогава взнезапно се раздразняваше, но пък в сравнение с изживяното с Ерик, можех да свикна с правилата на „мъжкарчето". Както и да е, винаги обмислях поведението му, като разбирах, че той работи усърдно; плащаше сметките, не беше груб и не ми изневеряваше. По онова време това бяха важни за мен неща.

Томи дори търпеше Ерик да се обажда, да наминава късно вечер и да реве как губи семейството си. Беше странно това, че обажданията на Ерик изглежда ни най-малко не притесняват Томи, макар че беше толкова ревнив. Но предполагам, че вече ме бе спечелил и затова Ерик нямаше значение. Знаеше също и това, че нямам никакви чувства към Ерик и не се трогвам от неговото самосъжаление.

Раждането на малкото ми момче номер три

Той се роди преждевременно, точно както бе станало с Джейсън и Брайсън. Пейтън тежеше малко повече от два килограма и беше висок 49 сантиметра. Атмосферата на тази болница беше много по-благоприятна и раждането премина в пъти по-добре от това на Брайсън. Там ми дадоха самостоятелна стая за раждането. Майката на Томи и моята майка идваха да ме виждат, както и други членове на семейството. Животът вече беше толкова по-хубав. Носеха ми подаръци и цветя и съпругът ми седеше до мен в очакване на бебето ни. Чувствах се важна, макар и за един ден. Това да виждам около себе си хора, които ги е грижа, бе прекрасно. Мама дори беше болна от грип, но пак дойде в болницата.

Когато започнах да раждам, Томи видя как бебето излиза. Веднага се изказа, че то прилича на Ерик. Аз отвърнах:

- Какви ги говориш? Това е твоят син. Млъквай!

Тогава лекарят понечи да продължи със зашиването ми. Реших да поискам връзване на Фалопиевите тръби, защото не желаех повече деца. Мислех, че три са ми достатъчно. Тогава Томи започна да спори насред болничната стая, че иска още деца. За какво бе всичко това? Бяхме го обсъждали преди. Сякаш той искаше да противоречи и да развали този важен момент. Не бях взела спонтанно решението си да си направя тази операция. Бях мислила много по този въпрос. В края на 1980 г. забременях с Джейсън, до март 1981 г. До края на 1982 г. отново бях бременна, този път с Брайсън, който се роди на 9 юни 1983 г. И пак забременях през 1984 г. - навърших 22 години една седмица преди Пейтън да се роди на 9 септември. Да, бях сигурна в решението си! Бях се уморила да съм все бременна. И никоя от бременностите ми не беше като тези, които бях гледала по телевизията.

След раждането на Пейтън ме закараха в болничната ми стая и както при предходните раждания, бебето не беше при мен, защото се бе родило месец по-рано. Сестрата каза, че има проблеми с дишането и затова го обдишват с кислород. Каза още да не се тревожа и че ще ме осведомява за състоянието му. И тъй като шевовете от епизиотомията ми бяха съвсем пресни, не можех да изтичам до Детска стая както преди. Томи се бе върнал на работа веднага след раждането, но по-късно същия ден пак се появи, за да ни види. Дотогава Пейтън се беше оправил.

Томи работеше в строителството на търговски сгради. Винаги е бил добър в работата си, отдаден на нея. Повечето жени обичат да гледат потните, добре сложени строители. Аз не правех изключение. Той беше много красив и когато дойде в болничната стая сладко засмян и с работни дрехи, бе невероятен. Мога да кажа, че се чувстваше горд татко. Каза, че не иска да ни доближава много с цялата мръсотия по дрехите си. Тогава изведнъж изражението на лицето му се промени заедно с отношението му - бе забелязал формуляра, който се попълва за издаване на акт за раждане на детето. Документът беше на масичката до леглото ми. Тогава той започна да дава идеи как иска да наречем бебето. Каза:

- Искам да го наречем Ърнест Т.

Аз отвърнах много бързо, че няма да го кръстим Ърнест Т. Казах му, че вече съм попълнила формуляра и съм му дала името Пейтън Тейлър, а тази бланка е само допълнение. (В Америка по принцип майката на детето е тази, която му дава име, и няма други правила за това. Името може да е всякакво.)

По това време ми донесоха храната, но бяха забравили вилицата. Бях много гладна. Не бях се хранила от деня на първите предродилни болки и помолих Томи да потърси вилица от сестрата. Той отвърна:

- Вземи си я сама! - и изхвърча от стаята.

Успях да издърпам масата по-близо, потопих пръст в картофеното пюре, засмях се и повдигнах рамене с мисълта: „Добре, нека се ядосва. Аз износих и родих това дете и поне имам право да му дам име!". Но бях забравила правилата на мъжкарчето. Нямах права, в какво се залъгвах? Това беше риск, който се осмелих да поема - в крайна сметка името на детето ми е важно за мен.

Томи неимоверно много искаше да контролира всяка ситуация. След като вече бях родила, каза, че вече не го привличам и че ще мине време, преди отново да има сексуални взаимоотношения с мен. Можех да разбера това за малко, но тогава като че ли той не само преустанови сексуално общение, но се отчужди напълно от цялото семейство. Чувствах, че не му харесва да е семеен с деца.

Вече не мога да мълча

Вече бях на по-голяма възраст и реших, че няма да пазя в тайна насилническото поведение на Томи, както правех с по-рано с Ерик. Мислех, че може би това ще ми помогне да преборя депресията. **Нанасянето на емоционални рани е злоупотреба. Блъскането е насилие. Извиването на ръце е насилие.**

Когато най-накрая казах на мама за насилието, което Ерик ми бе причинил преди, тя се държа така, сякаш не ми вярва – точно както направи, когато ѝ казах как Джон - пастрокът ми - ме удари. Мисля, че тя знаеше какво се случва през цялото време, но избра да не обръща внимание на истината. Така винаги е по-лесно. По-лесно е да се преструваш, че всичко в семейството е наред. Ако признаеш проблема, тогава може да се очаква, че ще направиш нещо по въпроса и ще поемеш отговорност. Това, че дъщеря ти е на 22 или на 32, или на 42, не означава, че тя не изпитва необходимост от майчина любов, разбиране и помощ. И че не се нуждае от опазване на живота и здравето си.

Когато казах на мама за това, което се случва с Томи и колко то ме депресира, тя ме изпрати при местния лекар, който ми назначи първия антидепресант. Аз бях тази, която бе *тормозена, изолирана насила и малтретирана*. А ми се казваше да се моля за насилника и да си пия хапчетата! Като една до болка покорна съпруга. Нека я сложим на лекарства, да добавим малко религия в кашата и ще стане по-добра съпруга.

С Томи се общуваше много трудно - той все опонираше на каквото и да е, беше враждебен и манипулиращ. Постоянно имахме разни неразбирателства – според него аз трябваше да си знам мястото. Започна да ме напада *все по-жестоко и по-жестоко*. Чувствах се в безнадеждност – отново водех жалко съществуване. Всичко прекрасно от преди бе се сгромолясало. Почувствах, че съм жертва на собствените си глупави решения. Постоянно си задавах въпросите: „Защо Томи не може да се държи подобаващо? Защо трябваше да се промени? И защо всички очакват от мен да не бъда себе си?". Никога не съм се преструвала да съм някоя друга. Томи ме бе познавал повече от година, *защо искаше да се оженим, ако не ме е харесвал?*

Южняшкото семейство и покорството

Семейството ми не обърна внимание на насилието над мен. Предполагам, всички си мислехме, че това насилие просто ще изчезне някак магически и нещата ще се оправят. Или пък роднините ми имаха изкривена представа за една здрава връзка. Но въпреки техните виждания нищо не беше наред. Деспотизмът на Томи и странното му поведение предизвикаха в мен подозрението, че има любовна връзка. Притиснах го, като му казах, че съм разбрала за флиртовете му. Но той успя да ме накара да повярвам, че много го е грижа за брака ни и че никога няма да ми изневери. По-късно разбрах, че наистина е имал интимни отношения с бавачката ни. Което обясняваше внезапния му отказ от сексуални взаимоотношения с мен. Това беше и причината той да се отчужди от семейството ни. А когато любовната му връзка приключи, отчуждението си отиде - всичко си беше по старому. Каква изненада!

Тревоги

Започнах да получавам присъпи на задушаване, които бяха толкова сериозни, че буквално не можех да си поема въздух. Помислих, че имам някаква алергия. Хващах се за гърлото така, сякаш яката ми е твърде стегната и ме души. Отидох при местния лекар - същият, който ми бе назначил лечение с антидепресанти. Той ми би инжекция, но ми каза:

- Нямаш алергия. Трябва да прекратиш брака си.

Той беше от типичните лекари, които можем да видим в малките южняшки градчета. Бе живял там с години и познаваше всякакви страни на живота.

Сигурна съм, че той беше виждал безброй пребивани жени, затова бе толкова прям в изказването си. Аз обаче обвинявах себе си за всичко. Разгневих ли се на Томи заради насилието му? Ядосах ли се на семейството си, затова че не ме опазиха? Разбира се, че не. Това щеше да е непокорство и неуважение, противно на всякакви принципи. Чувствах, че съм бясна на самата себе си. Целият ми гняв бе вътре в мен. Чувствах се толкова неадекватна, дори не можех вече да запазя контрол над собствените си емоции. Не съумявах да контролирам дишането си. Това беше действителен проблем, дължащ се на силно безпокойство. Безпокойство, което ме хващаше за гушата и ми спираше дъха. Бях объркана и обезпокоена за бъдещето и за целта си в живота. Самата английска дума за „безпокойство" произлиза от старо англо-саксонско понятие, което означава „душа, удушавам". Точно това прави безпокойството – то задушава радостта от живота. Всеки път, когато се ядосвах на себе си, се ядосвах и на Бог, тъй като вече бях вярваща. Не можех да разбера защо Той ме изоставя, когато съм в отчаяна нужда. *Както човек мисли в сърцето си* – казва Библията, - *такъв е и той* (Притчи 23:7).

Накрая Томи с половин уста ми позволи да си намеря почасова работа в местния фризьорски салон. Работих един ден, а на втория ден той нахлу бесен в салона, докато миех косата на една своя клиентка. И то пред шефа ми и другите. Каза ми:

-   Взимай си нещата и се махай от тук.

Аз отвърнах:

-   Не. Имам клиентка. Ще поговорим, когато се прибера. Той веднага ме издърпа извън фризьорския салон.

Разказах тази история, защото тя показва насилствения икономически фактор на зависимостта. Следват отговори на въпросите: „Защо тя просто не си тръгне? Защо премълчава насилието?".

Част IV

Какво означава това да помагаш на другите, докато помагаш на себе си

Опитах се да не обръщам внимание на тези отрицателни емоции и да използвам ума си по положителен начин. При такива взаимоотношения човек няма много приятели. Понеже това трябва да са одобрени от Томи приятели. Това не е писано правило, а просто прието от обществото държание. Тоест моят социален живот се изчерпваше с общуването с децата ми вкъщи и с контактите ми в църквата. Вселената е една голяма ехо-камера – рано или късно това, което изпращаме, се връща. Исках да получа любовта, която раздавах.

Майка ми предложи да се посветя на доброволчески труд към църквата, като помагам в един квартал, където хората живеят под ръба на бедността. Попитах Томи и той, изглежда, нямаше нищо против. Мисля, че се съгласи, защото майка ми го беше предложила и понеже тогава беше ловният сезон - щях да съм максимално ангажирана.

Провеждах библейско изучаване в една стаичка към магазинче, когато срещнах Бети. Веднага започнахме да се разбираме с нея, като видяхме, че и тя, и аз се нуждаем от приятел. Бети можеше да види, че разбирам бъркотията в живота ѝ, понеже аз самата живея в подобна бъркотия.

Най-сетне успявахме да освободим гнева и негодуванието си чрез споделянето пред сродна душа на случващото се с нас

- вече не бяхме сами. Имахме някого, с когото да си поплачем заедно посред обърканите си безумни тиради. Някой, който умее да изслушва, без да осъжда. Накрая много се подкрепяхме, станахме най-добри приятелки. Бях малко по-голяма от нея и се опитах да ѝ вдъхна смелост и да я насърча да продължи напред, за да живее по-добре. (Да не забравяме, че през 80-те нямаше кой знае колко помощни групи за пострадали от домашно насилие, а и дори да имаше, нямаше да можем да ги посещаваме.)

Исках да си върна достойнството и търсех цел.

Скандалите вкъщи – често се сблъсквахме с тях. Те носеха със себе си една особена реакция на притъпяване, която и двете познавахме. Познавахме по израженията на лицата си, ако предната вечер е имало някакво насилие в дома на другата. Цялата конструкция на тялото се променя. Спряхме да гледаме хората в очите, защото се срамувахме. В такива ситуации вдигаме рамене и гласовете ни... ами, тях не ги използваме. Затихваме, понеже да спреш да мълчиш се възприема като предателство и е преднамерен акт на непокорство, което води до още насилие. Един вид използваме нашата реакция на притъпяване като средство за самозащита. Понеже в този случай истината не носи свобода! Каквато и да е нормалната и адекватна според Вас реакция, повярвайте ми, тя ще е погрешната и би могла, и вероятно ще увеличи интензивността на насилието. Ето защо лицата ни се отпускат. Ще се случи следното, ако жената не запази безизразно лице: *Какво, по дяволите, ти е смешно? Мислиш ме за шибан смешник ли? Мислиш, че се шегувам? Че ще ти покажа нещо забавно?*. Или обратната реакция: *Какво, по дяволите, става с теб? Защо ревеш като бебе? Не можеш да станеш от леглото, защото си депресирана и наранена? Искаш ли да ти помогна в мотивирането? Няколко шамара и тя е наред! Окей, чувствам се по-добре, престани да ме удряш! По дяволите, ти си най-мързеливата, най-тъпата кучка, която съм виждал! Поглеждала ли си се какво плашило си напоследък? Знаеш ли, беше красива навремето, а сега погледни се - дебела си и никога не си правиш прическа - и ме дърпа за косата. - Направо си невъзможна, имаш късмет, че още съм при теб. Никой друг няма да хареса тъпия ти задник!*.

Вероятно не Ви е особено приятно да четете тези редове. Представете си, че слушате такъв обиден език ден след ден. Много рядко жени като Бети и мен сме имали възможността да чуем нещо хубаво за себе си. Затова имахме ниско самочувствие. Нямахме право да се гневим, да тъгуваме, не ни беше позволено да изразяваме мислите и мненията си. А ако все пак ги изказвахме, на кого му пукаше? Правехме повечето неща по принуда. И се преструвахме, че не се страхуваме; преструвахме се, че семейството е нормално. Всъщност от жертвите на насилието биха станали прекрасни актриси или шпионки заради способността им да лъжат убедително. Те лъжат децата си, че всичко е наред; когато пък отидат в кварталния магазин, лъжат продавачката за белезите. Ние играем ролята на сладкото щастливо семейство, така че никой и не подозира. Как така да подозира? Да заподозре, че с всичките си действия ние не само защитахваме насилника у дома, ние защитавахме също и себе си. Какво е толкова неразбираемо тук? Хората го правят непрекъснато: те лъжат себе си и другите, защото истината е болезнена! Да не забравяме, че не ни беше разрешено да се чувстваме наранени, да усещаме болка или гняв. Осъзнах, че само смелите хора осъзнават проблемите си и търсят решение. Важно е да разберем „защо правим това, което правим". Да си отговорим на въпросите: „Защо цял живот си имал комплекс за малоценност?" или: „Защо те е преследвал страх?", или: „Защо подхранваш негодувание?". Тези явления в човешката ни природа не са безпричинни. Самопознанието е начало на личното поправление.

Идва ред на молитвата, вярата и любовта, които са квинтесенцията на така благотворното учение на Исус Христос. Ние разбираме Евангелието буквално като обещание. С други думи, променете начина си на мислене, следвайки примера на Исус: повярвайте и ще победите всеки страх, всяка омраза, малоценност, вина; в живота Ви няма да има поражение.

Истината е, че когато човек живее в атмосфера на насилие, тогава е налице само поражение. В този случай човек умира отвътре навън – като че ли в него има бавнодействаща отрова, която си проправя път в живота му под формата на навици. Да, обикновени стари навици. Дълбоко вкоренени привички. Обичаи, които може да са под формата на културни традиции; модели, които са действали през вековете. Сега осъзнаваме, че те нямат ефект и повече няма да имат такъв.

Жените е трябвало да изгубят душите си, да задушат духа си, за да изпитат и запазят мира. Библията казва: *Блажени миротворците* (Матей 5:9). Ние също сме блажени с желанието си да търсим мир в домовете си. Ние сме тези, които сме потискали гнева си в името на мира. Ние, жените, сме жертвали достатъчно! Носили сме тежко бреме. Престанете да се криете. Престанете да мразите себе си. Върнете си достойнството.

Дори Исус прибягна до конфронтация, когато на Пасхата нещата излязоха от контрол. Той не каза: „Ами не Ми харесва размяната на всичките тези пари и направените печалби в храма на Моя Отец, но не искам да преча". Не! Исус предприе действия! Най-напред Той взе един камшик и разпръсна всичките животни, които се продаваха. Можете ли да си представите - отиваме на църква и вътре има търг на едър рогат добитък? Исус преобърна масите с пари на търговците и разпиля монетите им. Той заповяда на продавачите на гълъби:

- Махнете ги оттук! Престанете да правите дома на Отца Ми на пазар!

Исус е казал: *Истина, истина ти казвам, това, което знаем, говорим и свидетелстваме за това, което сме видели, но не приемате свидетелството ни. Ако за земните работи говорих и не вярвате, как ще повярвате, ако ви говоря за небесните?* (Йоан 3:11-12).

Исус не мълчеше - Той видя липсата на посвещение в Божия Дом на поклонение и започна да действа, като пропъди животните, среброменителите и продавачите! Той не замълча, а говореше каквото вярва. И говореше целенасочено и с достойноство.

Исках да се върна в училище; исках да стана дипломиран мисионер, да се отдам на пълно служение в някоя църква. Исках да посветя цялото си време на служение. Просто исках да помагам на хората и да се уча повече и повече. Като че ли умът ми искаше да бъде стимулиран. Бях се уморила да играя тази роля! Търсех истината. Нуждаех се от свободата да откривам, да раста, да играя, да се смея. Бях се изгубила някъде по пътя. Бях 25-годишна жена с трима сина, омъжена за един контролиращ и властен стисльо.

Томи се съгласи да посещавам един близък до дома ни частен колеж, където да уча религия. Реакцията му ми се струваше малко необичайна за него, но все пак използвах дадената ми възможност. Мама беше толкова щастлива – чувствах, че най-сетне съм получила одобрение и от нея. Тя сложи печата на одобрението си на моето решение. И аз бях развълнувана - щях да имам възможността да открия дадените ми от Бог дарби и таланти.

Колкото по-дълго посещавах колежа, толкова по-заплашителен ставаше Томи. Все по-трудно даваше съгласието си да отделям време за учене, непрекъснато коментираше колко е мръсна къщата или как щуреят децата, защото майка им е на училище или учи у дома. Случи се точно това, което бях предусещала и от което се бях страхувала. Томи започна да саботира ученето ми по всякакви начини, дори вземаше някои части от колата ми, за да не може да запали. В тези случаи пропусках часовете. Той разби чувствата ми, като понякога страшно ми лазеше по нервите и не можех да живея нормално. Буквално не можех да мисля. Имах нужда да се съсредоточа – в колежа минавахме трудни курсове като Изследване на Стария Завет и Богословие.

Една сутрин, когато Томи ме повали на земята и ме срита

с ботушите си, си помислих: „Дори и кучетата не е ритал по този начин! Има повече състрадание към тях, отколкото към мен".

Не можех да пропусна часовете си в този ден и Томи знаеше, че тогава бяха последните ми изпити – именно затова го направи. Целта му беше да се проваля или да се откажа. Но аз отидох и взех всичките си изпити, и дори не се опитах да скрия белезите от плача и мъката си. Естествено, резултатите ми от повечето изпити бяха слаби – помня, че на един от тях имах 36 точки от 100 възможни. Но другите ми оценки бяха толкова високи, че взех всички предмети с пълни четворки. А всички знаем, че с четворка човек завършва обучението си! Бях щастлива и не спирах да мисля какво ще правя. Бях завършила!

В Римляни 12:2 четем: „а се преобразявайте чрез обновяването на ума си". За да бъдем по-щастливи и по-здрави, трябва да обновяваме умовете си, което означава да променяме мисловните си модели. Това спомага за постигане на здраве и благополучие.

Извънбрачните връзки – 1985 г.

Томи имаше много любовни връзки – някои криеше, а за други го хванах аз. Човек малко трудно се учи да се доверява на интуицията си, когато е във взаимоотношение, изпълнено с насилие. Дори и децата на алкохолиците имат този проблем. Представте си следното: детето Ви се прибира, а баща му е мъртво пиян на кушетката. Детето пита:

-   Татко пак ли е пиян?

Мама отговаря:

-   Не, само си подремва.

Детето обаче вижда бутилки навсякъде наоколо, надушва алкохола, но му се казва, че видяното не е истина. Това дете сега има изкривена представа за истината.

Изисква се усилие човек да признае, да забележи. Да обърне внимание на това, което чувства, и да разбере как работи мисълта му. Изборът на, така да се каже, „защитна слепота" (и други подобни) е подсъзнателна реакция, която се придобива през годините. Често сме заслепявани от сериозния безпорядък, който може да е настанал в сферата на чувствата ни. Но трябва да се опитаме да се доверим на здравия си разум.

Доказателството бе ясно, приех изневерите на Томи за истина. Той дори си призна една от тях, но това не го накара да прекрати тази връзка. Той даже се премести в къщата на 17-годишната си любовница, която все още живееше с родителите си. Въпреки че това се случваше, получих обаждания от неговите и моите роднини да му дам още една възможност и да запазим семейството си.

Развод №2 – 1988 г.

Макар и да знаех, че разводът е правилната стъпка, която трябва да предприема, сълзите на Томи на излизане от адвокатската кантора донякъде ме трогнаха. Когато в живота идват болка и мъка, е нормално човек да се разплаче. А аз не съм безсърдечна, способна съм на съчувствие. Пък и бях омъжена за него от четири години - не можех изведнъж да престана да го обичам. Вече всичко беше в Божиите ръце. Вярвах, че всичко е процес, изискващ търпение и вяра. Двамата трябваше да се освободим от това (само)разрушително взаимоотношение и да се научим да живеем нормално.

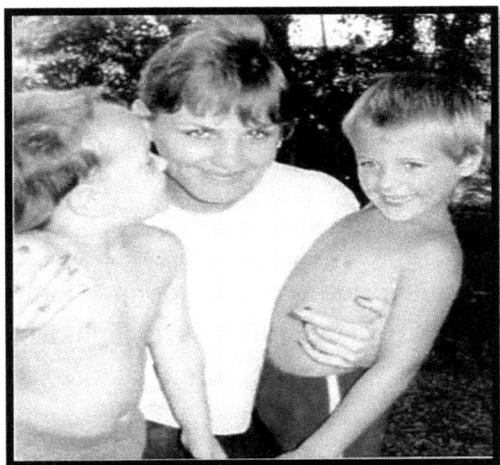

Подадохме молба за развод, а това, както казах по-рано, е трудно решение за една жена. За Томи също беше така. Макар че той бе този, който бе решил да живее с друга жена, Томи промени намерението си и поиска да се завърне у дома. Никога не бих завършила тази книга, ако тръгна да се впускам в големи подробности за всяко станало събитие. Бих искала по-скоро да отделя място за определение на всички проблеми, с които се сблъсках по това време.

Дебненето представлява нежелано или маниакално внимание от страна на отделен човек или група спрямо друг човек. Дебнещото поведение се свързва с безпокоене и заплашване на жертвата, а може да включва също така лично следене или контролиране на потърпевшия.

Брачното изнасилване (познато още като **съпружеско изнасилване** и като **изнасилване в брака**) представлява сексуално общуване без взаимно съгласие, при което извършителят е семейният партньор на жертвата. Това е форма на изнасилване от страна на партньора, т.е. домашно насилие и сексуално насилие. Общо взето, Томи използваше всякакви номера, описани в книгата, като физическо, сексуално, психологическо или финансово насилие и естествено, натиск от страна на семейството. Аз се предадох. Въпреки че бяхме официално разведени, поради горепосочените обстоятелства аз реших да се съберем отново.

Може би той ще се промени

Томи бе прекрасен, когато отново се събрахме; дори ми купи нов кон. Красив жребец. Аз се върнах на училище. Отново имах момчето, за което се омъжих, в продължение на около две седмици. После периодът на медения месец пак свърши и той се завърна към старите си навици. Защо продължих да съм с него и след развода ли?

Споровете по въпроса „Защо просто тя не си тръгне?" са много. Някои хора смятат, че от малки момиченца сме програмирани да „стъпваме на пръсти" покрай мъжете. Ако сме „по-ниски от тревата, по-тихи от водата", значи сме добри съпруги. Освен това има някои хора, които имат наглостта да казват, че трябва да ни харесва това, че ни бият. Аз мога да споделя само как е за мен самата и да кажа истината относно моята ситуация – насилието определено не ми харесваше! Но дълбоко в себе си исках Томи да се промени; исках той пак да стане човекът, за когото се омъжих. Обичах го. Постоянната вяра, че насилникът би могъл всъщност да се промени, ме кара да се завръщам към него отново и отново. Това наистина е единственото нещо, което дава някаква надежда за връзката. Никой не иска да се откаже от мечтата си. Не мечта за някакъв изключителен роман, а мечта поне за едно нормално семейство. По това време всичко, за което мечтаех, бе да имам единствено някакви нормални условия на живот.

Тогава идва ред на другите съображения, свързани с напускането на брачен партньор-насилник. Тези съображения често са доста обширни и по-сложни, отколкото повечето хора си представят. Най-напред се взема предвид финансовата ситуация - съпругата може да очаква големи затруднения от финансов характер. С колкото по-малко парични източници разполага жената, толкова по-малко ще са шансовете ѝ да избяга. В моя случай: аз бях икономически зависима от Томи и това беше основната причина да остана при него. Ето защо повечето насилници не позволяват на жените си да работят. (Спомнете си историята във фризьорския салон.)

Действия на оцеляване

Но с убеждение и решителност аз трябваше да планирам **стратегиите**, които поне биха намалили насилието. Вече бях научила контролиращите методи и „правила" на Томи, така че не в това беше проблемът. И с течение на времето се научих какви теми за разговор да отбягвам и да не изказвам мнение. По същия начин постъпвах с Ерик – бавно започвах да се отказвам от дадена мечта и да премам действителността.

Фактът, че пред закона вече не бяхме женени, ми позволяваше да си изработя мислено нова стратегия за самозащита. В документите по развода къщата бе посочена като мой домашен адрес. Това означаваше, че ако трябваше да се обадя в полицията заради някакво нападение на Томи, те щяха да го заставят да напусне дома. Какво правех обаче? Стисках зъби, докато още се надявах, че той ще се промени. Защото го обичах. Или може би дълбоко в себе си знаех истината и само чаках правилното време, правилния миг, в който момчетата ще поотраснат и ще са на училище.

Не бях глупава, както бяха ме наричали много пъти. Може да съм имала много ниско самочувствие, но определено знаех, че **щом веднъж насилието навлезе в една връзка, то се превръща в повтарящо се поведение.** Така че, погледнато реалистично, знаех, че той ще продължи да ме наранява, а най-вероятно и да ми изневерява. Това си беше „старата му природа", а аз не можех да го „поправя". Единствено Бог можеше да го направи. Въпреки че Томи твърдеше, че е последовател на Христос, поведението му не показваше такова посвещение. Аз, естествено, не бях способна да контролирам действията му, но бях и емоционално нестабилна по това време да се впускам в неизвестното. Ето защо месеците се превърнаха в години, като гледах да съм заета с училището и с момчетата. И да, Томи продължи с насилието и изневерите. Лудостта му стигна дотам да нагласи телефонните линии така, че да подслушва разговорите ми. Преглеждаше всяко писмо, което изпращах по пощата. Това доведе до едно крайно оскърбително събитие.

Пъхнах едно писмо за най-добрата си приятелка Бети в пощенската кутия. Той ме видя и каза, че иска да види писмото. Аз казах:

- Не, то е за Бети.

(Тя се беше преместила в Аляска с новия си съпруг. Вече се беше развела със стария насилник.) Томи счупи повечето от чиниите ми същия ден. Тази насилническа постъпка беше достатъчно сериозна, за да се обадя на майка си и втория си баща. Те дойдоха вкъщи само за да ми кажат, че греша, и да му позволя да прочете писмото. Казах: „Не, там е записано нещо, което ще го раздрази". (Проблемът беше, че в писмото казвах на Бети как Томи още ме бие.)

Родителите ми качиха Джейсън в колата и оставиха мен и другите две момчета да се оправяме сами. Помолих мама да не си тръгва... Когато се отдалечиха, Томи се приближи зад мен. Аз се затичах надолу по пътя и видях светлините на спирачките. Видях как малкото лице на Джейсън ме гледа от задния прозорец. После те ускориха и се отдалечиха, докато Томи ме влачеше към къщи за косата. После той прочете писмото. Как може една майка да остави дъщеря си да бъде малтретирана?

Това е пример за прекалената толерантност към зетя и безрезервното му приемане от семейството на булката, които са били бич за жената през вековете. Апатията на обществото/семейството спрямо жертвите на домашно насилие винаги е витаела наоколо и продължаваше да ме преследва.

Негодуванието

Бремето на насилието и негодуванието раздираха ума ми със скрита депресия, неизцелени мисли, спомени за отхвърляне, предателство, сексуално малтретиране... Бях изплашена, тъжна, с изгубени мечти, изгубени години, изгубена самоличност, без стойност. Вината и срамът бяха всичко, което ме изпълваше. Бях се превърнала в неузнаваема жена. Единственото хубаво нещо в живота ми бяха трите красиви момченца, които имах.

Опитах се да разсея ума си с повече учене в колежа. Той бе единственото място, където получавах похвали. На една контролна работа се справих много добре – видях написани в червено 98 точки най-отгоре на листа, което казваше: „Отлично!". **Колежът бе мястото, където видях как в мен се проявява интелектуалната ми зрялост. Отървавах се от отрицателните мисли, които изпълваха ума ми, от негативната представа за себе си като глупава. Изграждах наново самоуважението си. Исках да съм добър пример за децата си, като им покажа каква трябва да е истинската жена.** Не исках те да виждат в мен една объркана и потискана личност, която само угажда на хората. Увереността ми се изграждаше, а всички около мен остаряваха. Отново бе време да престана да подценявам разрушителната същност на връзката, в което живеех, и да се махам!

Знаех (научих се от последния път, когато се опитах да си отида), че не мога да остана в къщата, защото Томи пак нямаше да ме остави на мира и щеше да ме дебне, докато не му позволя да се върне. И така, намерих един апартамент, който бе на около 30 мили от града. Размерът на наема се определяше от доходите на наемателя. Тъй като имах единствено документите от развода с Томи, според които той ми заплащаше 100 долара на месец, апартаментът ми бе предоставен безплатно. Един приятел на мой приятел бе уредил да получа апартамента, понеже обикновено има списък с чакащи. Понякога бяха нужни години, за да се намери подобно място, така че бях много благодарна.

Напускането ми – 1989 г.

Опаковах си багажа и си тръгнах, докато Томи беше на работа. Не исках повече борби пред децата. Чувствах, че **този път съм подготвена: с всички материали за училище за децата, удостоверенията за раждане, решението от развода (винаги носех документите със себе си).** Вълнувахме се. Купих един диван, който се превръщаше в легло. Там можехме да спим временно. Започнах да разопаковам кутиите за кухнята. Тя беше хубава. Момчетата започнаха да посещават ново училище и изглежда добре се справяха. От друга страна, имах някои проблеми. Не можех да спя. А когато заспивах, сънувах кошмари и се събуждах уплашена с писъци. Тези чувства на страх постоянно ме преследваха. Истината беше, че до смърт се страхувах от Томи. В миналото бе отправял много заплахи, ако правех опити да го напусна. Беше заявил, че ще ме убие, и му вярвах. Постоянно бях нащрек, гледах към вратата, ослушвах се за звуци. Това сериозно повлия на ума ми и увереността, която бях се старала толкова много да си възвърна. **Постравматично стресово разтройство.** След това получих телефонно обаждане. Беше собственикът на апартаментите, приятелят на моя познат. Попита ме как съм и дали ми хареса апартаментът. Аз му отговорих:

-   Да, благодаря Ви, че ме включихте в списъка.

Помислих си: „Това е първият път, когато някой ми помага да избягам". Децата и аз пак му казахме:

-   Благодарим Ви.

-   О, за нищо. Пак заповядай. Би ли изразила колко си ми благодарна?

-   Благодаря Ви, че направихте това за нас.

-   Хубаво. Какво ще кажеш да намина утре вечер към 9, за да ми покажеш лично колко си ми благодарна в действителност?

Не можех да повярвам на ушите си. Тоя тип, когото дори не познавах, се надяваше да прави секс с мен в апартамента! Това не ми се струваше добра идея - мястото беше за мен територия, на която се опитвах да изградя нови взаимоотношения на доверие.

На другия ден изпратих децата на училище и започна да ме обзема една невъобразима тревожност. Трябваше да се махна от апартамента и затова отидох в бакалията, за да купя малко храна, понеже хладилникът беше празен. Когато се върнах, на вратата имаше бележка – трябвало спешно да отида в училището. Нещо беше станало с Пейтън! Когато пристигнах там, ми казаха, че линейката вече е закарала Пейтън в болницата. Обясниха ми, че задрямал и не се събудил. Когато пристигнах в болницата, ми съобщиха, че е в кома. По-ужасяваща новина не можех и да си представя... Толкова лоши събития се струпваха така внезапно. Цялото ми тяло се тресеше. Не можех да мисля ясно. Къде бяха Джейсън и Брайсън? Какво, по дяволите, се случваше? Всичко беше

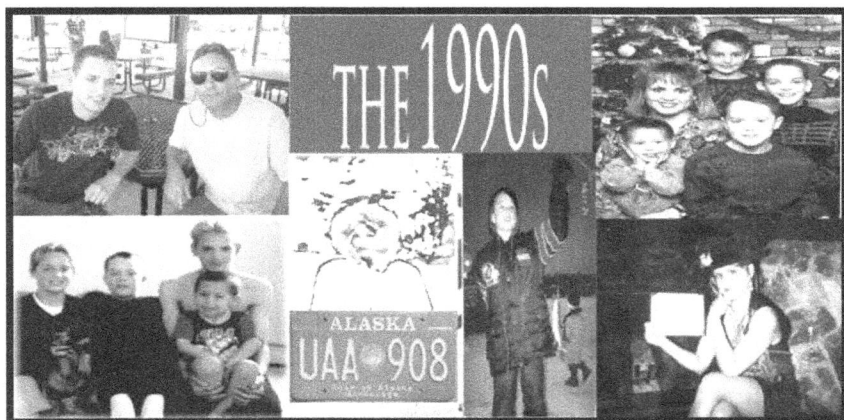

така плашещо непознато! Всичко се беше променило в рамките на няколко дни. Нуждаех се от помощ. Нуждаех се Томи да бъде мъжът, който трябваше да е, по дяволите! Исках Пейтън да се събуди и да се приберем! Поне у дома бях на познато място.

Обадих се на Томи и той дойде почти веднага. Пейтън само лежеше, без да му е уточнена диагнозата. Беше получавал припадъци в миналото, но те бяха за кратко - изпадаше в безсъзнание за секунди и понякога падаше. Но това не се беше случвало от години.

Надвечер пак бяхме едно сплотено семейство, скупчени около леглото на Пейтън и молещи Бог да изцели него и семейството ни. И малкото ми момче започна да движи очите си, след това повдигна ръката си и всички започнахме да се усмихваме и да го прегръщаме. Той се огледа и попита:

- Къде съм, мамо?

- В болницата, скъпи. Татко също е тук и всички се прибираме. Точно това и направихме.

Нямаше да спя с онзи тип заради едно жалко жилище! А и трябваше да поработим над някои неща с Томи. Основното от тях беше, че още го обичах. Обичах го най-малкото заради това, че е до мен, когато имам нужда от него. Преживяното отново възпламени искрата на любовта в мен.

О, мой скъп дом... Все се правех, че проблемите не съществуват, а знаех много добре за опасностите от възникване на напрежение. Това бе един много самотен начин на живот, а годините си вървяха – вече бях на 27.

Посещението на най-добрата ми приятелка Бети – 1990 г.

Не бях виждала Бети и не си бяхме говорили от около две години. Тя ми се обади и каза, че със съпруга и семейството ѝ са в града и че имат три деца – две момичета и едно момче. Поканих ги в нашия дом. Те дойдоха, за да можем да се видим. Исках децата им да пояздят конете и понитата ни и да им дадем възможност да поиграят заедно с нашите деца. Изглежда животът на Бети се беше променил значително от времето, когато се бях запознала с нея през 1986 г. Радвах се, че е толкова щастлива. В същото време, Бети започна нетактично да говори за един инцидент, който се беше случил между Томи и мен преди години. Каза как не е могла да забрави какво ми е направил той в бар „Рамада" по онова време. Тя продължи с това, сякаш искаше да ме накара да се чувствам виновна за това, че останах с Томи. Попита ме как може да съм забравила такива сериозни неща.

-   Исках да кажа, примерно, че той те удряше посред бара на хотела и те влачеше за косата пред погледите на всички.

Аз ѝ казах:

- Разбира се, че си спомням. Беше много унизително, когато помолих рецепциониста да използвам телефона, за да се обадя в полицията, а той каза, че трябва да използвам монетните телефони, понеже не им било разрешено да предоставят на хората техния телефон.

Спомних си как се опитвах да му обясня, че съпругът ми е побеснял, взел ми е портмонето и нямам никакви пари за монетните телефони. Помолих да използвам телефона. А той пак отказа! Започнах посред фоайето да крещя като малко дете:

- Няма ли някой да ми помогне???

И хубавичко ми помогнаха. Охраната дойде да ме придружи да изляза навън, като ми казаха да не се връщам, защото съм притеснила гостите на хотела.

Това е още един пример за това как обществото приема насилието над жените съвсем спокойно. Служителят на рецепцията видя как Томи ме удари, докато ме влачеше. Дори го чуха как ме заплашва, че ще ме застреля! Казах на рецепциониста с вторачен поглед, че Томи има пушка в колата и че всеки момент ще ме убие. А той направи точно обратното на това, от което се нуждаех - дори ме унизи още повече, като нареди на охраната да ме придружат до изхода, където Томи ме сграбчи и ме метна в колата. Обществото никога не го е грижа - никой не иска да се меси.

Тези спомени съкратиха срещата ни. Наистина не

разбирах защо тя ми припомня това, нито пък исках да разказвам наново колко е зле животът с Томи, нито исках да чувам Бети да подмята колко е хубав нейният живот. В началото се радвах за нея, но вече бях объркана от отношението ѝ. Уверих я, че ще дойда в гр. Джаксън и ще я посетя, преди те да си тръгнат. След това казах, че ще направя няколко снимки на всички ни и на децата ѝ как яздят конете и понитата. Наистина бях разочарована от посещението ѝ. Като че ли тя нарочно искаше да ме уязви.

По-късно същата седмица се обадих и наминах към дома на леля ѝ, за да си кажем довиждане, както бях обещала. Беше прекрасен ден и всички седяхме на двора, обсипан с типичните южняшки цветя. Азалиите цъфтяха. Позволихме на децата да тичат на воля и да си играят в задния двор, докато си говорим. Отношенията ни бяха малко обтегнати. Бети не беше от ранобудните и все още се размотаваше боса в бялата си нощница в два часа следобед. Помислих си, че предната вечер е излизала късно и че е уморена от пътуването с децата. Поговорихме малко, най-вече за нейните деца - колко са пораснали и за обучението им в колежа. Тогава тя ме попита:

- Как са майка ти и Джон?

Казах, че са добре и че се спогаждаме малко по-добре. Засмях се и добавих:

- Зарадваха се, разбира се, когато с Томи пак се събрахме.

Тогава тя отговори:

- Ако бях на твое място, нямаше да им се доверявам много!

-   Какво искаш да кажеш? – попитах аз.

Тя отвърна:

-   Няма значение! Знаеш ги какви са.

И пак започна да говори за Томи и връзката ни, като попита как сме, повтаряйки:

-   Все още не мога да повярвам, че си се върнала при него.

А аз казах:

-   Е, Бети, имаме страхотна нова къща, която построихме. И имам нов джип Чероки.

Продължих да ѝ обяснявам, че вярвам той да стане по-добър човек. В същото време, надявайки се да променя темата, изтърсих:

-   А и сексът си го бива!

В този миг видях реакцията ѝ като на забавен кадър. Тя се отпусна на един шезлонг и си кръстоса краката. Обърна глава на една страна, нацупи се и измляска с устни, местейки поглед нагоре-надолу. А когато очите ни се срещнаха, настана гробна тишина. Трябва човек да е най-близък приятел с някого много години, за да разчете езика на тялото му толкова добре... А езикът на тялото на Бети ми казваше всичко, което трябваше да знам. Все едно че ми го беше изрекла с думи. Мазната усмивка на лицето ѝ намекваше: „На мен пък сексът с него не ми хареса чак толкова". Докато си поемах дълбоко дъх, казах тихо, че ще е добре да си тръгваме. Тогава на лицето ѝ пак се появи онази самодоволна усмивка. Качих децата в колата и се запътихме към къщи. Чудех се, ако не мога да се доверя на съпруга си, семейството си или най-добрата си приятелска, на кого тогава мога да се доверя? И всичко започна да ми се изяснява. Писмото, което бях написала, беше до Бети; телефонните обаждания, които се записваха, бяха до Бети. Томи ми беше позволил да се запиша в колежа – това е било тактика за отвличане на вниманието ми. Бяха прелюбодействали заедно зад гърба ми!

Когато Томи се прибра от работа в онзи ден, го попитах дали той и Бети някога са имали интимни отношения. И разбира се, реакцията му беше показателна за мен. Отрече да е спал с Бети. Призна само, че Бети му се е натиснала веднъж, но нищо повече не се било случило. Какъв бе смисълът да търся други отговори? Бяха предали доверието ми.

Ярко живо отражение

Настъпи времето, за което говорих в началото на книгата - когато момчетата си играеха на двора и по-голямото – Брайсън - удряше Пейтън с металния камион по главата. Брайсън просто вършеше това, което бе виждал баща си да прави през цялото време. Ако не стане на твоето, удряш. **Повтарящият се цикъл, при който още едно поколение момчета се превръща в мъже.**

Седях си на тревата в градината и мислех как пред очите ми за пореден път ще се затвори порочният кръг на насилието. Можеше да съм се сдобрила с Томи, да прикривам оскърбленията си, но какво щеше да стане с децата ми? Какви щяха да са техните животи? Много се разчувствах. Просълзих се. Сграбчих камиона от Брайсън и го изхвърлих. Придърпах ги двамата с Пейтън към себе си, прегърнах ги и казах:

-   Всичко ще бъде наред, миличките ми. Извини се на брат си и ще хапнем мляко с бисквитки.

Не исках да виждат болката, която чувствах вътре в себе си. (Спомнете си как винаги в моменти като този се преструваме, че всичко е наред.)

И днес, докато пиша тази книга, сълзите в мен напират. Толкова се разчувствах. Стана ми ясно, че **аз вече съм майка. Майка, която не предпазва децата си. Точно както моята майка не ме опази. Не исках моите деца да са изпълнени с негодувание към мен, както аз към майка си и семейството си. Щях да дам на децата си поредния лош пример за съпружеска връзка, пропита от страх и зависимост, при която децата са лишени от емоционална подкрепа, а понякога и от физическа защита.**

Не исках да се превърна в такава студена и неразбираща майка. Нямаше да се отчуждя от децата си поради срама или страха да извърша промяна. Исках нещо повече. Странно как досега забелязвах само мъжете и тяхната роля в цикъла на домашното насилие и **до момента не осъзнавах пагубното влияние, което такава злоупотреба с жената оказва върху майчиния ѝ инстинкт.**

Претоварена

Вече наистина се бях съсредоточила върху плановете си да напусна Томи. Този път щях да си осигуря едно успешно бягство от капана, пълен с лъжи. Бях напълно вярна на Томи по време на брака ни. Преди много време си бях обещала, че никога повече няма да изневерявам на съпруга си, както бях направила, докато бях омъжена за Ерик. По онова време бях тийнейджър, не бях достатъчно зряла, за да осъзная всички емоционални последствия от любовните връзки. Вината бе нещо, с което не можех да живея отново. Не само че бях винаги вярна, но и се бях отнасяла с Томи като с цар. Бях отдадена на брака ни и се стараех да бъда възможно най-добрата съпруга, исках бракът ни да се подобрява. Вече чувствах, че бях направила всичко, което можех, но нямаше резултат. Томи продължи да бъде непостоянен в поведението си, даже понякога ме сплашваше.

Един ден се прибирахме с момчетата. Томи беше излязъл пред къщи и стоеше с пушка в ръце. Това не бе необичайно за него, защото беше страстен ловец на елени. Но когато започнах да отключвам входаната врата, Томи изкрещя:

-   Спрете!

Държах в ръка торба с хранителни стоки. Попитах:

-   Защо?

Томи отговори:

-   Цялата къща е залята с газ.

Веднага хванах момчетата и се затичхме към джипа. Точно тогава Томи насочи пушката с рязко движение към къщата, като я приготви за стрелба в последния момент. Зареди пушката и стреля във въздуха! Не знаех какво става. Тогава той ми каза, че целенасочено е включил газовата печка, за да напълни къщата с газ. Беше планирал да я взриви, докато аз и децата сме вътре. Но в последния момент решил да не ни убива. Каза, че е бесен, защото пак съм заговорила за напускане. Не знаех дали е сериозен или само ни предупреждава какво може да направи, ако иска. Но получих тази закана отчетливо и ясно.

Случиха се още няколко инцидента, при един от които той удари главата ми в стената; при друг ме блъскаше, докато паднах, и се опита да ме стъпче. Имаше и друга любовна връзка със стриптизьорка от Лас Вегас, от която закачи венерическа болест и я предаде на мен. Просто много станаха изневерите му.

Денят за напускане е определен по план

Бях си запланувала дата за напускане на Томи. Щеше да е някъде през юни 1990 г., след като всички завършим срока в училище и след рождения ден на Брайсън. По това време се занимавах с уреждане на заеми, които щяха да изплатят всичките ни превозни средства в кредитните карти. Уверих се, че камионът, който карах, е само на мое име и е изплатен. **Уреждане на финансови въпроси.**

Реших да мина през стаите на всяко от момчетата, като опаковам единствено вещите, които ще вземем със себе си. Събрах **всички свои документи и снимки и ги прибрах в килера, след което започнах да търся място, където можем да се преместим.** Реших, че искам да отидем на място, което е възможно най-далече от Томи. С други думи, реших да се върнем в Аляска. Аляска ми беше позната. Въпреки всичките ми съставени планове част от мен още обичаше Томи и имаше желание да закрепим брака си. В мен се прокрадваха колебания... Имах ли достатъчно увереност в себе си, че да мога да направя такова нещо сама? Наистина ли исках да се откажа от всичко, свързано с втория ми брак? От дома си, от семейството? И да се грижа сама за три малки деца, всичките под седемгодишна възраст? Спомних си, че Томи контролираше всяко мое движение през последните шест години. Можех ли да се справя сама? Бях изплашена. Страхувах се да остана; страхувах се и да си тръгна.

Прощалното ми писмо до Томи... с последна искрица надежда

Скъпи Томи,

Това е едно от най-трудните и страшни решения, които съм вземала през живота си. Но трябваше да го направя - не само заради себе си, но и заради децата си. Най-напред искам да ти се извиня за това, че обвинявах теб за всичкото ми нещастие. Повярвай ми, ти наистина допринесе за основните проблеми в брака ни с насилието и любовните ти връзки. Но ти не си виновен за семената, посети в детството ми и в миналата ми връзка. Наричам ги „семена на плевели", които продължиха да растат, като изсмукваха аромата на цветята.

Изследванията показват, че когато детето е преживяло насилие, по-късно в живота си то е склонно към тревожност. Това означава, че жени като мен не умеят да се защитават от властни фигури и позволяват да се злоупотребява с тях при интимни взаимоотношения.

Томи, от сега нататък ще отговарям сама за живота си. Отказвам да оставя невинните ми деца да се превърнат в хора като теб! Нашата южняшка култура ни учи, че Бог е дал право на мъжа да насилва и контролира жените. Но нека ти кажа следното: една от основните задачи на майката е да предпазва децата си от наранявания. А аз се опасявам, че те ще повторят това, което виждат да правиш с майка им! Трябва да разчупя тази цикличност и да опазя децата си!

Имам Бог на своя страна; Той беше с мен през целия ми път. Бог бе първата истинска Любов, която някога съм имала. А това е любов, основана единствено на вяра. Да, вярата може да изглежда малко плашещо, защото е невидима. Но именно тази вяра ще ми даде усещането за сигурност и надеждата, от която се нуждая, за да продължа напред в моето положение. Моля се децата ми да заживеят нов живот без домашно насилие, който да изгради от тях здрави личности, дарявайки ги с едно ново усещане за свобода.

Томи, аз също разбирам, че човек би трябвало да се чувства добре, щом някой го обича. Би трябвало да се чувства приет, обгрижен, ценен и уважаван. Една истинска любов би трябвало да му дава усещане за вътрешна топлина, удоволствие, безопасност и мир със себе си.

Не знам какво да мисля, дали си ме обичал някога? Или дали всъщност си способен да даряваш любов? Аз усещам, че всичко, което знаеш да правиш, е да вземаш. Ти си от вземащите! Но пък не искаш да поемеш каквато да е отговорност за болката, която си нанесъл на това семейство. Дори отказа да признаеш, че имаш проблем с гнева и с верността.

Това на мен ми се вижда някак странно - изглежда, че си способен да контролираш всички около себе си, но не можеш да контролираш себе си, собствения си гняв, нито пък похотта си!

Томи, изглежда, че си искал семейство от някакъв твой тип. След като тръпката от лова на жената-дивеч премина у теб, ти се промени. Време беше за следващото ти завоевание! Игра си с животите на много хора. Не исках да се омъжвам за пореден път, но ти ме убеди, че си мъжът за мен. В този момент ти излъга! Накара ме да мисля, че си лудо влюбен в мен и че харесваш синовете ми. Бях толкова поласкана, че се разтопих в ръцете ти. По онова време бях изключително уязвима и ти го знаеше. Жадувах за любов и внимание, а ти се възползва от това. Мислех, че си добър човек, но истината беше... че ти в крайна сметка не беше моят рицар в блескави доспехи. Зад цялата ти престорена галантност се е криела празната ти душа. Ето и последната ми дума към теб: няма да пропилявам живота си за някого, когото не го е грижа за мен. Искам да намеря щастието. Искам да мога да имам надежди и мечти, да открия живота.

4 май 1990 г.

Истината е, че от това писмо струи любовта ми към съпруга ми. Толкова много го обичах... И отчаяно исках да ми даде поне една основателна причина да остана с него...

Планът за бягство

Въпреки всичките ми планове за бягство, Томи никога не прочете това писмо. То стоя неотворено със седмици в шкафчето му. Във физическо отношение, общуването ни бе изпълнено със страстни нощи и привидно голяма интимност. Само тази специална близост ни беше останала. Но всичко се уталожваше за кратко време, а аз вече не бях толкова глупава - планът все още беше на дневен ред.

Изглежда всичко вървеше по програма - училището приключваше и този път наистина бях подготвена.

Обадих се на един посредник за недвижими имоти и уредих къщата да бъде включена в списък за продажби. Бях уредила и да останем при моята приятелка Рене през първите няколко седмици. И така, докато Томи беше на работа, приготвих багажа и се изнесохме. Бях на седмото небе, толкова свободна се чувствах! Останахме със семейството на Рене в продължение на седмица и нещо, докато уредя някои неща. Трябваше да продам конете си на търг. Това, че се налагаше да го направя, ме натъжаваше, но какво друго можех да сторя? Принудена бях да постъпя така. Така че периодично се връщах в къщата, за да следя дали конете имат вода и да ги храня. Всеки път, когато се връщах за това, Томи беше спрял водата, за да няма за конете. Да не забравяме, че беше юни - посред лято в щата Мисисипи - и за конете е нужна вода. Без нея може да се дехидратират и вследствие на това да умрат много бързо. Тогава Томи посипа гвоздеи по пътя. Изключи електрическия ток в къщата и остави ужасна воня, носеща се от развалящата се храна в хладилника. При следващото ми идване беше разрязал матрака.

Много се разстроих, а и на жената от агенцията за

недвижими имоти ѝ стана неприятно. Тя зачеркна дома ни от списъка, защото ѝ се бяха спукали няколко гуми заради гвоздеите на Томи, а и като цяло показваше имота в не много добро настроение.

Един приятел ме заведе да напоя конете. Томи ни видя по пътя. Той започна да ни преследва по шосето, като даже ни задмина. Ние спряхме, а Томи изскочи от камиона си и започна да крещи. Аз махнах на един полицай да се заеме с Томи, но той поиска да знае дали сме женени двамата (все едно съм лична вещ на Томи). Отговорих: „Не!" и потеглих. Полицията пак не му направи нищо, както винаги е било – отново прояви добре познатата ми мъжка солидарност . Като че ли това да изгубя семейството си, коня си, домашните си любимци не беше достатъчно. А сега щях напълно да изгубя и къщата. Всеки припечелен долар, който бях вложила, щеше да се изпари заради поведението на Томи.

Флорида преди Аляска

Отидох във Флорида на гости на баща ми. Не знам защо го направих. Може би си мислех, че момчетата ми ще се почувстват по-добре в компанията на дядо си? Сигурно се чувствах виновна, затова че синовете ми нямат пример за баща в живота си. Но татко веднага започна да ми казва какво да правя, като ме контролираше, сякаш бях дете. Дори беше уредил да пея в едно шоу онзи уикенд! Определено не бях готова да отида на сцената! Тъгувах заради провала на брака си и се страхувах от неизвестното. Реших, че съм направила голяма грешка, като съм отишла при баща си. Затова си натоварих нещата на камиона... А на тръгване татко каза някои отблъскващи неща като: „Същата си като майка си, все наоколо се навърташ"; „Не се учудвам, че мъжът ти те е ударил!", а аз продължих да се приготвям за отпътуване. Той в момента направо ми нанасяше нова емоционална рана. Но аз знаех, че съм направила правилния избор - затова се усмихвах, докато потеглях. Баща ми се хилеше злобно, а аз клатех глава напред-назад в знак на съгласие. Той отново ми прилагаше старите си номера с тези оскърбления, а аз ясно разбирах това.

Това мъжко перчене много ме ядоса! И сега какво? Какво е разрешението?

Чувствах се като топка за пинг-понг в ръцете на насилниците - баща ми, задяващите ме, Ерик, Томи и... пак баща ми!

Домашното насилие и побоите се използват с една-единствена цел: да спечелят и установят пълен контрол над личността. Един насилник не „играе честно". Потисниците използват страха, вината, срама и заплахата, за да обезсилят жертвата и да я въртят на малкия си пръст. Съществува и вероятност тиранинът да заплашва, да наранява жертвата и хората около нея.

Заслужаваме справедливост и вдъхновяваща почивка

Онази нощ момчетата и аз отседнахме в един хотел на плажа. Исках те веднага да започнат да се наслаждават на живота. Нямах желание да ги оставям да мислят над вечните въпроси за мъжкото господство... Което винаги води до някакъв конфликт - от онези конфликти, в които винаги аз съм унижаваната пред децата си. Тоест аз уча момчетата си да не уважават жените.

Не можех да се разсейвам с измените и обидите от миналото. Вече бях на мисия по оцеляване. Това може да изглежда критично, когато си в подобна ситуация. А и в живота има толкова много разруха и предателства, че борбата е единственото нещо, в което човек си мисли, че е добър. **Предателството нанася рана, която е добре да не се отваря.**

Струва ми се, че някъде по това време започнах да мисля,

че от живота ми може да излезе нещо. Започнах да си представям как аз и децата ми живеем на отдалечено място, където няма страх и животът е напълно нормален. Започнах да се стягам целенасочено, като обмислях всичките си възможности. Докато момчетата се залисваха с игри, аз се отпуснах на плажа, гледайки как слънцето на Флорида се отразява с цялата си красота в океанските вълни. Сякаш изпаднах в сън, който изпълни тялото ми с нова сила. Тази сила щеше да ми е нужна и занапред. Ентусиазмът ми се върна и това ме вдъхнови да променя начина, по който възприемах предстоящото ни пътуване. Започнахме онази утрин с разходка по плажа; момчетата можеха да усещат пясъка и хладните води с крачетата си.

Когато започна да се затопля повече, спряхме и обядвахме – морски дарове, разбира се. По време на този обяд обясних на синовете си какво ще се случва през следващите няколко седмици. Казах им, че излизаме във ваканция до живот!

Казах им, че ще минем през много щати и през Канада, след което ще влезем пак в САЩ – щата Аляска. Опитах се да опиша цялото пътуване като едно истинско забавно приключение. Избрах да не говоря за жестоката действителност, в която се намирахме – а тя беше, че сме бездомни.

Напълних една хладилна чанта с напитки и закуски, така че да може всеки път, когато търсят „кошницата за пикник", да се обслужват. Но тази кошница за пикник имаше и друго предназначение – чрез нея щяхме да пестим средства, като не се храним по заведения. В ръцете си държах картата и бяхме готови, вече бяхме на път.

Пътуването вървеше добре, целта ми беше да изминаваме по около 500 мили на ден. От време на време спирахме за пикник в някой парк и позволявах на момчетата да изразходят малко енергията си. А понякога имахме късмета да намерим някой приют за жени, пострадали от насилие. Но повечето такива центрове бяха в толкова лоши райони, че се страхувах да не откраднат всичките ни притежания до разсъмване. Така че се случваше и да нощуваме в камиона.

Усетих, че няколко минути почивка биха ми се отразили добре. За целта избрах двора на една църква - знаех, че на това място няма хора. Там успях да си осигуря отдиха, от който имах нужда. Този свят вече не е безопасен – отговарях за три малки момчета и трябваше да съм нащрек. Но, разбира се, никога не им позволих да узнаят моите страховете; за тях това беше ваканция, изпълнена с лагерувания и пикници! Някъде по това време си дадох сметка за своята свръхбдителност. Същите притеснения имах, когато си бях тръгвала и преди. Сега вече ги разпознавах – дължат се на преживяно продължително напрежение заради чести ситуации, изискващи предпазливост. Човек, който преживява този симптом на ПТСН[1], проявява повишено внимание към заобикалящата го среда. Той често я оглежда, за да разпознае потенциалните източници на заплаха. Свръхбдителността е съпроводена още и от промени в поведението - например човек все избира да седи в отдалечен ъгъл на стаята, за да е наясно къде са всички изходи. При екстремни състояния свръхбдителността е подобна на параноя, но с тази разлика, че е налице някакво обективно основание поради получените заплахи и претърпяното реално насилие.

Продължавайки по пътя нататък, влязохме в щата Монтана. Започнах да чувам стържене откъм ремаркето. Всеки път, когато камионът минаваше през някаква малка неравност, ремаркето изскърцваше. Започваше да ме тревожи мисълта, че може да се наложи да оставим всичко, което притежаваме, просто ей така - на пътя в Монтана. Знаех, че ако камионът се повреди, няма да можем да си позволим влекач. Тогава навлязохме в едно градче, което като че ли бе изскочило направо от миналото. Казваше се Луисвил. Главната улица беше пълна с амишки квакери, всичките облечени в черно и бяло. Улиците в града изглеждаха също като в някой уестърн - със старовремската бръснарница и магазините с имена, каквито никога преди не бях чувала.

Когато излизахме от Флорида, температурата беше около 38°C. А в онзи момент беше спаднала наполовина. Бях направила грешката да не запомня в кои кутии са зимните дрехи и обувки на момчетата. Сега трябваше да спрем да им купя обувки, за да сменим с тях сандалите, които носеха. Ходеха насам-натам с къси панталонки и ризи с дълги ръкави - тоест видът ни беше малко неугледен. Приличахме на бледите плажни скитници, които напомнят за старите времена. Когато спрях при един магазин за авточасти и помолих механика да види ремаркето, той само ни погледна и каза:

- Откъде сте с този южняшки акцент?

Попита и колко още път имаме. Казах му, че съм от Мисисипи и че отивам в Аляска. Той каза, че това е дълго пътуване за мен и тези малки момчета. Аз отвърнах:

- Да, господине, но така трябва да направим.

Вярвам, че този човек може да е бил ангел, изпратен от Бог, за да ни помогне в нашето време на нужда. Бог изпраща добрите **ангели** в **помощ** на вярващите (Евреи 1:14). Или може би той беше просто човек, когото го е грижа за ближния. Но този чудесен господин ми взе само 20 долара за поправка на ремаркето (единствено цената на повредената част). След това той ни покани на вечеря със семейството му в едно заведение (за негова сметка). На следващата сутрин, преди да си взема ремаркето, той ни покани в дома си на закуска с палачинки и боровинково сладко. Семейството му даде възможност на момчетата да нахранят всички животни във фермата в онова утро. Не можех да повярвам колко щедри бяха тези хора. Ние бяхме напълно непознати за тях, а те като че ли знаеха каъв е бил животът ни – показаха ни, че може да бъде и по-добър. Симпатичното семейство дори ми предложи да останем в градчето им и да го наречем свой дом. Колко мило от тяхна страна! Но беше време да продължим с пътуването си.

Отправихме се към канадската граница. Отново бях благословена да мина през митницата без проблеми. В Канада законите са строги относно пренасянето на скрито оръжие. Но аз бях несемейна жена, която пътува с три малки момчета на повече от 5000 мили разстояние – нямаше

как да ме оставят насред пустошта и опасностите без защита. Граничният патрул само зададе няколко въпроса и ме отпрати. Спрях на мястото с надписа „Добре дошли!" и направих няколко снимки с атракциите там. Както би направил всеки нормален турист. Момчетата ми позираха с шортите и кариуираните си ризи. Бяха разълнувани, затова че са в друга страна. Аз обаче бях изтощена и направих една грешка на магистралата. Вече бяхме на живописния път около Скалистите планини! Минахме покрай няколко луксозни хотела, в които не можехме да си позволим да отседнем. А аз продължих да се надявам, че ще намерим някое по-евтино място, където да пренощуваме.

Беше много тъмно и температурата беше паднала около нулата. Тогава заваля сняг. Не осъзнавах височината, на която се изкачвахме, докато камионът не отказа да носи повече цялата тежест. Той започна да се хлъзга назад, а сърцето ми заби лудо. Брайсън трябва да е усетил, че нещо не е наред. Той мина на предната седалка. Аз бях изплашена, превключих на втора скорост, за да достигнем 20 километра в час. Нямаше място за спиране – само скали, дерета и тъмнина. Снегът продължи да затруднява видимостта ми. Докато гумите поднасяха, се чудех защо лесничеят не ми каза нищо за лошите атмосферни условия. Отне ми часове да стигна до планинската верига заради това каране с 20 километра в час. Но накрая стигнахме.

Пътят изглеждаше безкрайно дълъг, а парите свършваха. Намерих един евтин мотел, като не казах на собствениците за трите деца. Но когато те ги видяха, почти удвоиха цената на стаята ми. Казах им:

- Няма значение. Вече не ви искам стаята.

Тръгнахме да търсим място за пренощуване другаде. Благодаря на Бога, че ни подслониха в един хубав приют за жени, пострадали от домашно насилие. Осигуриха ни покрив и топла храна. Дадоха ни и по-дебели дрехи. На другия ден се сбогувахме и се отправихме към съседния град Принц Джордж. Там нямаше никакви приюти и затова трябваше да прекараме нощта в товарната част на камиона, където въобще не мигнах от страх. Трябваше да пазя отрочетата си.

На следващата сутрин щяхме да хванем ферибота за гр. Кечикън, щата Аляска. Осъмнахме със спукана гума! Но успяхме да я сменим навреме. А понеже вече всеки последен цент ни трябваше, купих билети „без каюта" за ферибота. Това щеше да е още една безсънна нощ за мен. Стоях будна и пазех момчетата, докато спяха на пода.

На тях им хареса да разглеждат от палубата всички места, през които минавахме. За всички ни това бе голямо приключение, като круиз. Момчетата бяха гладни - гледаха как хората влизат и излизат от кафенето. Но аз не исках да им съобщавам, че съм почти разорена. Затова казах:

- Мама ще ви вземе малко бонбони за закуска.

- О, да! Да! – беше реакцията им.

Но стана време за обяд и трябваше да направя нещо. Тогава поръчахме най-евтината храна в менюто: четири купички крем супа от миди. Сервирахме подносите си с безплатните бисквитки, вода с лимон, като прибавихме захар, за да стане на лимонада. На момчетата им хареса. Но наближи времето за вечеря, което бе най-критично. Казах им, че трябва да потърсим нещо за ядене в камиона. Слязохме долу във ферибота, където се пазеха камионите и колите. Намерихме една кутийка с риба тон и стар царевичен чипс, но не можахме да намерим отварачка. Имахме късмета да се запознаем с една възрастна двойка, която пътуваше с каравана - попитах ги дали могат да ми услужат с отварачка. Насядахме и започнахме да топим чипса в кутийката с риба. Това беше първият път, когато наистина осъзнахме, че сме бездомни.

Скоро щяхме да пристигнем в рибарското градче Кечикън, щата Аляска. Бързо намерих един приют за самотни жени, в който да отседнем. Нямах достатъчно пари, за да хванем ферибота за гр. Хейнс, щата Аляска, или да се придвижим до гр. Анкъридж, както бях планирала. Изчакахме в приюта, докато измисля нещо друго. Обикаляхме града като туристи, но в действителност не бяхме такива. Живеехме в някаква странна къща-приют, която не бе наша, и се хранехме с храна, доставена от дарения.

Минаха още няколко седмици и накрая фалирах. Смирих се достатъчно, за да помоля майка си за 300 $, с които трябваше да приключим пътуването. Тя се съгласи.

И така, пътуването ни продължи на борда на ферибота за гр. Хейнс, Аляска. Оттам можеше да продължим с камиона в посока гр. Анкъридж.

На борда на ферибота един човек помоли да пътува с нас до гр. Валдез, Аляска. Каза, че ще даде няколкостотин долара за гориво. Нуждаех се от тези пари, но колко глупава грешка направих, като се съгласих! Бях една развалина от нерви през цялото време, докато той беше в камиона ми. Тогава той каза:

-   Защо не се успокоиш и не ми позволиш аз да шофирам известно време?

Отвърнах:

-   Не, по дяволите!

Тогава той каза:

-   Не мислиш ли, че ако исках да ти сторя нещо, досега щях да съм го направил?

В този момент издърпах писолета от лявата си страна и го насочих към него, като му казах:

-   Да не съм те чула до края на пътуването! Иначе ще те пратя в небитието, ясно ли е?

Когато стигнахме там, където беше помолил да го закарам, той слезе от камиона, а аз най-сетне можех да дишам спокойно. Намерих пак една църква с детска площадка и се отпуснах в камиона. Не бях спала с дни, бях напълно изтощена. Момчетата потичаха малко на воля, преди да се отправим на последното си, дълго 285 мили, планинско пътуване. На 2 септември 1990 г., моят 28-ми рожден ден, най-накрая влязохме в град Анкъридж, Аляска, нашият нов дом.

Приютът за пострадали жени

Намерих приюта за пострадали жени в гр. Анкъридж и за моя изненада той беше доста приличен. Радвах се, че имат доста добра охрана. Въведоха ни през една обезопасяваща врата.

След влизане в приюта семейството ми премина през няколко събеседвания, за да бъдат определни семейните ни нужди. Аз мисля, че този процес беше доста натрапчив. Казаха ми и това, че на ден има такса от пет долара, изисквания за работа и правила за вътрешния ред на приюта.

От нас се изискваше да ходим на ежедневни сесии по съветване, а в случай че ги пропуснехме, щяха да ни изхвърлят от приюта. От мен се очакваше и да изпълнявам ежедневни задачи. Казваха ми кога да си лягам, кога да си вземам душ, кога да говоря по монетните телефони (през 90-те нямаше мобилни телефони). Инструктираха ме кога да излизам и кога да се връщам. Дори ми казваха как да възпитавам собствените си деца и как да не ги възпитавам. В какво училище трябва да ги запиша... Изглежда всичките ми усилия да си възвърна контрола върху живота си бяха напразни – сега той беше поверен на някакви си напълно непознати! Бях изгубила контрола, дома си, всичко!

Бях готова да отидем някъде другаде, да напуснем приюта. Помолих жената на рецепцията да ме отпише и да отключи вратата. Тя каза:

-    А къде е думичката „моля"?

Като че ли бях дете... Започнах да си мисля: „Какво става тук?". Не можех да кажа нищо, защото щяха да ме изритат на улицата. Отново се почувствах напълно безсилна. Тогава ме спаси една майка с деца, която отвори вратата. Аз, разбира се, погледнах отново служителката, като очите ми говореха: „Ха-ха, не е било нужно да казвам „моля"... само защото Вие ми заповядвате!".

В приюта беше разрешен престой от 30 дни, а аз излязох оттам след 28 дни. В деня на напускането ми някой беше направил дарение: интериорни лампи, кувертюри и маси. А аз бях една от трите жени, които получиха дарение, понеже беше решено то да бъде за тези, които си тръгват през идните няколко дни. Толкова бях благословена.

Когато преди време бяхме в приюта в щата Мисисипи, бях казала на една жена адреса на дома си и ѝ бях позволила да си вземе всяка мебел, която ѝ хареса, заедно със съдомиялната. Сега получавах това благословение в замяна. А и за мен и момчетата бе нещо страхотно да спим на огромно легло с чисти чаршафи, спални чували и наш личен апартамент. Чувствах такова облекчение. Бяхме го направили – бяхме изминали 5 500 мили, прекосявайки страната с камион и ремарке, за да започнем нов живот!

Вкоренени модели на поведение

Различните благословения породиха в мен силни емоции. Част от мен чувстваше, че съм постигнала голям успех, събирайки смелост и увереност да разчитам на себе си. Изпитвах удовлетворение и от това, че имам нови хоризонти пред себе си, че имам цел в този свят. Беше вълнуващо да осъзная, че решимостта ми да подобря семейната ни среда е нараснала - мъничкото семенце вяра в мен се беше првърнало в голяма предприемчивост, довела до осезаема промяна в животите ни.

Буквално бях хванала прекия път от знанието към завоеванието и това се беше превърнало в едно от най-вълнуващите приключения в живота ми. Надявам се, че тази моя постъпка ще Ви вдъхнови сама по себе си. Като Ви подскаже начини да проявявате изобретателност в решенията, които взимате, а и като Ви насърчи никога да не

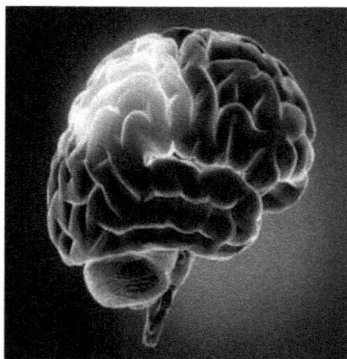

подценявате собствените си способности.

И пак ще го повторя: с малки прояви на смелост можете да си проправите път през трагедиите от миналото Ви. Тъй като вкоренените Ви модели на поведение са трудни за разрушаване, ще са Ви нужни време и постоянно самонаблюдение. Себепознанието ще Ви доведе до изцеление на съмнението във Вас самата.

Откъде знам тези неща?

Понеже точно там съм допускала много грешки... Мислех, че ако само мога да избягам от насилието и контрола, тогава всичко ще да е наред. Но не осъзнавах, че поведението ми на себеопазване, което бях използвала през целия си живот, все още бе в употреба. Какво означава това? Означава, че в миналото, когато се е появявал проблем у дома, първият ми емоционален отклик е бил страхът - страх от това как би реагирал баща ми или как би отвърнал съпругът ми. Страхът е мощно оръжие, но и сам по себе си той е здравословно и естествено чувство, което е нужно, за да ни опази от болката. Трябва да разбираме страховете си.

По онова време не си давах сметка за емоционалната си нестабилност. Възприятията и боязливостта ми поеха в друга посока – имах чувството, че карам кола в дъжда, а тя се превръща в хидроплан - няма устойчивост. Усещах безпокойство в цялата му пълнота, както когато изгубваш контрол над колата. Не разбирах какво реално става с човешкия ум в резултат на постоянни страхове, притеснения и тревоги; как те му се отразяват. Не можех да променя мисловните си модели от миналото. А станах толкова напрегната в усилните си опити да се отърва от тези притеснения, че буквално не можех да живея нормално. Струваше ми се, че съм станала неспособна на нормално съществуване, неспособна да се отърся от дълбоко вкоренения в мен страх. Всичко, което изпитвах, бяха отрицателни емоции. Чувствах се така, сякаш не мога да се справя сама, а никога повече няма да намеря любов. А и бях сама през по-голямата част от времето. А това подлагаше на страхотно изпитание смелостта ми и я рушеше.

Ето няколко стиха, които са подходящи за успокоение на лутащия се човек - оставете ги да въздействат на ума Ви, позволете на Бог да работи във Вас чрез тях:

Възложи товара си на Господа и Той ще те подпре; не ще допусне до века да се поклати праведният (Псалм 55:22);

и всяка ваша грижа възложете на Него, защото Той се грижи за вас (1 Петрово 5:7).

Съдбовно време на възстановяване – 1990 г.

Времето, когато човек взима решения за бъдещето си, е съдбоносно. За мен обаче бъдещето изглеждаше мрачно, аз нямах мечти. Може би бихте ме запитали: „Защо? Ето, била си стигнала Аляска, имала си апартамент, мебели! И най-важното, била си християнка, имала си Исус!".

Тъй като страхът бе това, което познавах най-добре, с него се чувствах и най-удобно. Не знаех как да го „изключа". Самата промяна на местожителството ми идваше в повече в онзи момент. Така че тогава беше свръх силите ми да извърша и други съществени нововъведения в живота си. Започнах да разбирам, че виждам бъдещия си живот изпълнен с бедност и самота. Чувствах се като наказана, затова че съм разбила омагьосания кръг на културните норми. (Домашно насилие.)

Не осъзнавах, че това са типични и нормални чувства за човек, страдал с години от психически и физически тормоз. Способността на въображението да уголемява истински или привидни проблеми може да представлява сериозно затруднение, тъй като ни води до погрешно мислене. Бях ужасена! Бях загубила съпруга си, дома си, конете и кучетата си.

Преразглеждане на плана. 5000 мили напред към промяната и две стъпки назад – 1990 г.

Започнах да преосмислям плана си и последиците от преместването. Може би защото бях неспособна да контролирам поривите си – това е така наречената „приучена безпомощност". Но във всички случаи бях имала брак, изпълнен с насилие; поставих си цел и се измъкнах от него. Ала никога досега не бях осъзнавала истински последствията, които житейските ми опитности са оставили върху спонтанните ми реакции. Би трябвало да се гордея със себе си. Насилието и злоупотребите бяха засегнали твърде дълбоко психиката ми.

Подходът ми към живота и поведението ми бяха като на служител на мироопазващите сили. Естествено, това ограничаваше личностното ми развитие (не ми бе позволено да се развивам като личност). Бях в напълно ново положение, за което не бях готова. Тоест бях парализаирана от страх и депресия и... се върнах към това да съм зависима. Да, зависимостта ми от Томи, която е станала за мен модел на поведение, наричан „подсилено кондициониране".

„Спаси ме отново!"

Обадих се на Томи, като му казах, че сме на сигурно място и да не се тревожи. Но предполагам, че всъщност се нуждаех той отново да ми се притече на помощ. А не след дълго пак започнаха писмата и телефонните обаждания. Така се върна романтиката.

Томи искаше да ни дойде на гости за Деня на благодарността[2]. Бяха изминали около шест месеца, откакто бяхме напуснали къщата. Томи идваше да види как вървят нещата.

---

[2] Американски празник – б.а.

Първият въпрос, който исках да си изясня, се наричаше „Бети". Настоявах да разбера какво точно се е случило между съпруга ми и най-добрата ми приятелка. Имах нужда да узная какво е искала да каже тя с това „да не се доверявам на родителите си".

Ето и отговорът му: той и Бети започнали да флиртуват по време на една екскурзия през уикенда. (Тогава се бяхме събрали всички: Томи и аз, Бети и съпругът ѝ. На това пътуване бях видяла как тя гледа Томи в огледалото.) Томи призна, че наистина те двамата са имали авантюра. Но когато той поискал да сложи край на това, тя отишла в дома на родителите ми и им разказала всичко за любовната си връзка с мъжа ми! Тя се е надявала да дойдат при мен и да ме посъветват да го напусна. Томи каза, че е искала да се премести в нашия дом и да се омъжи за него. Леле, представяте ли си?!? Какви предателства само ме засипваха отвсякъде! Умът ми нямаше да се справи с тази информация. Въпреки това аз му позволих да дойде в Аляска.

Докато той беше с нас, ми се струваше, че огромно бреме е свалено от плещите ми. Той помагаше на момчетата, водеше ни на вечери, на пазар; беше приятно да се почувстваме отново като семейство. След като Томи се върна в щата Мисисипи, продължихме да общуваме и да си пишем. Това облекчаваше моята самота и ми даваше усещането, че получавам нужната ми подкрепа. Но май тъкмо тогава си дадох сметка, че всичко това ме прави отново зависима. Бях самотна. Бях изплашена. Не можех да контролирам емоциите си.

Томи се мести в Аляска -1991 г.

Томи попита дали може да се премести в Аляска за постоянно и ме помоли да дам още една възможност на връзката ни. Съгласих се. Поне не може да се каже, че не съм правила опити за спасение на този брак.

Като че ли работехме заедно за достигане на общата ни цел - да превъзмогнем лошите си обноски от миналото и да си изградим нови модели на поведение. В Аляска Томи беше различен човек. Там той не беше на своя територия. Даже беше приятен за компания. До момента, в който не започнаха да излизат наяве някои негови добре познати за мен навици. Най-напред това бяха съвсем дребни прояви като ровене из нещата ми, докато съм на училище. Но тези незначителни жестове ми бяха достатъчни да проумея, че привидната промяна у Томи е просто поредната му манипулация. Сърцето му си оставаше непроменено. Така че се приготвих отново да се опълча срещу зависимостта си от него, за да не ѝ позволя никога повече да бъде пречка за самоопознаването, развитието и духовния ми растеж.

В момента е спорно дали в южните щати момчетата се възпитават като властни мъжаги. Но мога да ви уверя, че в миналото в американския Юг безспорно е съществувала традиция да се дава преимущество на мъжкия пол. И тази традиция е документирана. Томи обаче не беше сигурен, че може да я пренесе и в Аляска. Когато си дадох сметка за тази негова неувереност, придобих готовност да продължа новия си живот без него.

Естествено, Томи нямаше да го понесе леко. Помолих го да си намери свое жилище, дори му помогнах. Но от този момент нататък той започна да ме дебне.

Сигурно ме е преследвал, защото го усетих по петите си една вечер, когато се прибирах вкъщи – носеше пушка! После започна да тропа на вратата ми, като казваше:

-   Ще те застрелям и ще гледам как кръвта ти изтича - по същия начин, както убивам елени.

Бързо се обадих в полицията, но той беше избягал, преди те да пристигнат. Подадох молба за ограничителна заповед, която да го задължи да стои далеч от мен и децата. Това наистина бе краят!

Това в никакъв случай не може да се нарече провал, а първи стъпки

Липсата на посока в живота ми се дължеше на липса на търпение. Нужно ми беше време, за да осъзная проблемите си и да си поплача. Трябваше да мисля по много въпроси и да си дам сметка за много неща. Както казах, чувството да си нежелан или ненужен е унищожително.

Трябваше да придобия самочувствие с помощта на силно духовно водителство, просветление и нова, работеща вяра. Ако човек стои близо до Исус и вярва в Него, Бог ще го приведе през всякакви трудности. Винаги го е правил и ще го прави. Някои хора разбират това на ранен етап от живота си, на други им е трудно да свикнат да Му се доверяват.

Всичкият стрес в живота ми не беше нещо, с което Исус да иска да се примиря.

И като разпусна народа, изкачи се на хълма да се помоли насаме. И като се свечери, Той беше там сам (Матей 14:23).

В някои преводи пише „сам", но от други преводи става ясно, че Исус е направил това доброволно, по Свой собствен избор.

Аз се чувствах самотна. Страхувах се, а вместо да се обадя на Томи да ме спаси, трябваше да избера усамотението.

Бог желае да ни дари с любов, водителство и посока. Когато се опитваме да разчитаме единствено на себе си, се вижда какво се случва. Необходимо е да признаем нуждата си от Божията помощ. След това трябва да премахнем всякакви разсейващи фактори, за да се подготвим да изпитаме присъствието на Бог. Той често изявява Себе Си, когато четем Словото Му. Понякога пък ни е нужна пълна тъмнина, за да не може нищо да отвлече вниманието ни от молитвата. Всичко това е могло много по-рано да ми донесе необходимите средства за възстановяване на разбития ми живот. Сега можех вече да съм се освободила от всичко! Но пък е възможно и тези тежки дни да са ми били необходими, за да смиря гордостта си и да осъзная, че Бог владее всяка ситуация. Бог можеше вече да ме е избавил от стреса, тревогите, срама и безпокойството. Можеше да е изградил в мен мир, радост и увереност. Само ако бях отделяла време за уединение с моя Небесен Отец.

Приютът за жени, пострадали от домашно насилие, в гр. Анкъридж, щата Аляска

През 1990 г. живеех в приюта за жени, станали жертва на домашно насилие, в гр. Анкъридж, щата Аляска. Там срещнах една млада жена на име Полийн. Тя беше от ескимоското племе юпик. Имаше малка дъщеричка - Тереза (все още бебе). Докато пребиваваше в приюта, станахме близки, понеже деляхме една стая. Запознах се с проблемите ѝ с наркотиците, но основно бях загрижена за бъдещето на малката Тереза.

Когато дойде време да напуснем приюта, попитах Полийн дали позволява Тереза да дойде да поживее при мен и момчетата, докато тя си намери жилище. Полийн се съгласи. За синовете ми бе удоволствие да имат до себе си момиченце – отнасяха се с нея като с кукла. Аз ѝ купих няколко красиви рокли и се опитах да ѝ осигуря малко стабилност. Но поради законите за осиновяване на деца от местното население баща ѝ дойде у дома, предявявайки претенции към нея, и я отведе в селото, където живееше. Заболя ме, когато тя си тръгна, но домът ми вече бе отворен за нея и баща ѝ. Можех само да се надявам, че Бог се е проявил чрез мен през времето, когато Тереза бе поверена на грижите ми.

Поправям грешките си като родител

Започнах да обяснявам на момчетата новите правила у дома. Извиних им се за всички грешки, за насилието, в което бяха живели, и заявих, че повече няма да позволя това да се случи. Уверих ги, че могат идват при мен да разговарят на всякакви теми и им засвидетелствах любовта си. Отново им припомних колко съжалявам за всичките години, през които са живели в дом, изпълнен с гняв, като осъзнавах колко ужасно трябва да е било това за тях. Знаех, че вероятно не разбират всичко, което се опитвам да кажа, но чувствах, че е добра идея да поговорим за насилието у дома.

Мълчанието е най-силното оръжие на насилника.

Започнах да ги насърчавам да изразяват личното си мнение, дори им позволих да се виждат с бащите си - имаха това право. Не исках да ги държа далеч от тях. Обясних им, че аз съм любящата „мама", с която живеят добре, но и също, че като единствен техен настойник имам задачата да ги възпитавам. Въведохме си домашни правила (в домовете с домашно насилие обикновено цари хаос) и им обясних, че ако не се научим да организираме ежедневието си, животът ни ще започне да се разпада. Установеният ред носи стабилност.

Прекарвахме много време заедно в оцветяване, рисуване, слушане на музика, ловяхме риба в леда, четяхме книги в библиотеката, ходехме на кино, спортувахме и посещавахме училищните мероприятия. Учехме се да бъдем едно нормално малко щастливо семейство. Моите момчета усвояваха ценностите в живота и се учеха да заявяват открито мнението си. Нещо, което преди не се осмеляваха да направят заради натрупания страх в миналото.

Времето лекува, ако човек се освободи от болката, но това е бавен процес

При момчетата този процес протече по-бързо, тъй като най-сетне бях създала нужната среда за развитието и израстването им. Що се отнася до мен – вследствие на болката бях придобила заучено поведение, което щях да нося до края на живота си. За мен беше много по-трудно да се променя в рамките на няколко месеца.

Мисля, че по това време Джейсън, Брайсън, Пейтън и аз осъзнахме, че сме единственото семейство, което всеки от нас може да има, и че се нуждаем от близки и здрави взаимоотношения помежду си. Знаехме, че така ще си изградим чувство за принадлежност. Всеки човек иска и се нуждае да принадлежи към някого или нещо. Ние задоволихме тази своя нужда, като приехме вярата. Може другите да са ни разочаровали, но с Бог на наша страна щяхме да преминем през всичко.

Възторжена увереност и радост от напредъка

Да, бях вдъхновена и дори изпълнена с ентусиазъм по отношение на собствените си възможности. Бях свободна. Започнах да си правя разходки в парка, да карам велосипед, да ходя на църква. Излизах навън да танцувам и дори ходех по срещи. Най-сетне бях започнала да се превръщам в човек, когото може би бих харесала или дори обичала един ден. След толкова много години, през които бях получавала негативни послания, внушаващи ми: „Ти не си достойна за любов!", промяната щеше да е голяма крачка за мен.

Но важното беше, че съм добра майка, която полага грижи за себе си, и гледах на усилията си като на пътешествие.

Още постижения -1991 г.

Бях удивена от развитието, което постигнахме по време на годината, прекарана в Аляска. Момчетата вече караха ски, ходеха на летни лагери, а аз се подготвях за завършването на бакалавърската програма по социални дейности[3] към Университета в гр. Анкъридж, щата Аляска. У дома измисляхме всякакви нови традиции. Край на познатите семейни вечери! С годините бяхме определили дни, в които канехме различни хора, нуждаещи се от подслон. Ставахме новото семейство за всеки, когото Бог ни изпращаше. Полийн бе сред редовните ни гости, както и някои други, които първоначално наричаха приютите свой дом.

---

[3] Става дума за академична степен, която прилича на бакалавърската степен в България, т.е. по бакалавърска програма, но с 2-годишен срок на обучение - бел. ред.

Отново въодушевена да съм майка

Полийн отново се върна в живота ни бременнна. Поканих я да живее с нас, за да я опазя от улицата и дрогата. Исках да дам поне на детето ѝ нормален старт в живота. След това тя ме попита дали искам да осиновя това дете. Толкова се развълнувах! Полийн остана у нас по време на цялата си бременност, дори бях с нея в родилната зала и прерязах пъпната връв при раждането.

Дадох на малкото момченце името Девън. Грижех се за него около четири месеца, докато Полийн реши, че го иска обратно при себе си. Беше променила решението си. Аз останах съкрушена.

След седем месеца тя се появи на вратата с Девън в едната ръка и пазарска чанта с нещата му в другата. Заяви ми:

- Не мога повече да се грижа за него. Би ли го взела?

- Разбира се, че ще го направя - отвърнах аз.

Тя ми подаде Девън и чантата и се върна в колата, където я чакаше някакъв мъж. И двете много обичахме Девън, но Полийн не бе достатъчно стабилна, за да се грижи за него. Все пак волята ѝ беше той да има прилично семейство. Приех това споразумение като разрешение за осиновяване, но не по документи. Полийн имаше право да вижда детето си по всяко време.

Чувствах се малко по-добре, отколкото бях година-две преди това. Вълнувах се, че ще дам на това дете дом и семейство. За това учех в колежа – да помагам на хората. Просто не бях предполагала, че ще вземам деца у дома. Това следваше да покаже, че човек никога не знае какво е подготвил Бог за него.

Фактът, че Девън беше отчасти коренен американец (от ескимосите юпик), не беше проблем за мен. Домът ми бе станал място на разнородни култури и в него цареше толерантност спрямо тях. Бяхме се сприятелили с хора от всякакви националности: коренни американци, хора с арабски произход, латиноамериканци, афроамериканци и азиатци.

Трябваше да науча децата си да осъзнават дискриминационната същност на някои практики на Юга. Лично аз посветих доста време, за да се уверя, че ще си изградят ценностна система на почтени хора. Държах на това расизмът, на който бях станала свидетел, докато живеех на Юг, да не става отличителна черта на четиримата ми сина.

Пример за подражание

Осигурявах храна и подслон на хората, които приютявах, но също така ги водехме на църква, за да може и душите им да се нахранят. В края на краищата знаехме какво означава да си бездомен, без храна и надежда. Вече можехме да им осигурим тези неща и най-вече се стараехме да им носим радост.

И им каза: „Идете, яжте тлъсто и пийте сладко, и пратете дялове на тези, за които нищо не е приготвено, защото денят е свят на нашия Господ. И не скърбете, защото радостта в Господа е вашата сила" (Неемия 8:10).

Парите и домашното насилие

Човек може да си мисли, че това са две взаимноизключващи се понятия, но има много случаи, при които те вървят ръка за ръка. Вероятно читателят досега е разбрал, че домашното насилие е модел на контролиращо поведение, насочен към съпруга(та) или лицето, с което човек съжителства. Типичният пример е физическото насилие на мъже над жени, но насилието може да се прояви и в емоционално, сексуално и финансово отношение.

Иска ми се да можех да ви кажа нещо, което да звучи политически коректно днес - че съм избягала и съм си намерила страхотна платена работа. Но не е така. Ще ви призная истината. Докато бях в колежа, получавах социална финансова помощ, купони за храна и медицинско обслужване. Всички детски помощи, които получавах, макар и в малък размер, ни бяха отпускани от щата Аляска. (Преди това ми беше невъзможно да живея от издръжката, която ми бяха определили след разводите в щата Мисисипи. Дори имах проблеми с получаването и на малките суми, които ми бяха разпоредени.) Да, нуждаех се от помощ, от финансова сигурност.

Аз бях първият човек в историята на семейството си, който получава някакви средства по тази система. В американския Юг това се считаше за присъщо на нисшата класа. Но в онзи момент не можех да направя нищо друго, освен да поема отговорността за отглеждането на синовете си сама и да получа образование в колеж. Имах нужда от тази финансова помощ. И съм много благодарна, затова че я получавах. Без нея никога нямаше да мога да избягам от порочния кръг на насилието. Някои хора имаха семейства, готови да им помогнат. При мен не беше така.

Натъжава ме фактът, че по това време правителството на САЩ въведе изискване много майки в моето положение да започнат работа, без да се вземат предвид всички изследвания, според които това не е добре за децата на Америка. Не знам какви са правилата и разпоредбите в България, но читателите могат да получат малко информация на следния сайт: http://purvite7.bg/na-kakvi-finansovi-pomoshti-i-obezshteten/ .

Да бъдеш отговорен родител е сериозно решение

Имах нужда да бъда майка на децата си. Те бяха пропуснали толкова много от живота си и процесът на възстановяване за всички нас продължаваше заедно с естествените процеси на израстване и развитие. Моята задача беше да бъда отговорен родител; стремях се да бъда на разположение на децата си. Може да звучи старомодно или безотговорно за някои, но аз носех тази отговорност.

Семействата с двама родители могат да разберат колко трудно е човек да се грижи за няколко деца накуп. Вече имах четирима сина, които се нуждаеха от много внимание от моя страна. Имах своеобразен натрупан опит като социален работник, който ми помогна да възпитам Девън. Ако не го бях взела у дома, той щеше да отиде в дом за отглеждане на деца без родители. А да е в такова заведение, само по себе си щеше да струва на правителството повече от социалната помощ, която аз получавах.

Тези години, които преживяхме заедно, никога не могат да бъдат заменени, така че не съжалявам. Защото бях единственият човек, който посещаваше училищните изяви на децата си и родителските им срещи... А когато се разболяваха и се налагаше да ги вземам от училище, винаги бях там.

Бях майката, която поемаше отговорност за проблемните деца на други майки в квартала. Познавах децата на т.нар. "високо рискови семейства". Самите деца бяха разбрали, че могат да ми се доверят. Много от тях идваха, за да обсъдим проблемите им, а и вероятно за да похапнат домашно приготвена храна. Моят дом беше дом за всеки, който се нуждаеше от помощ. Бях там, където Бог искаше да бъда.

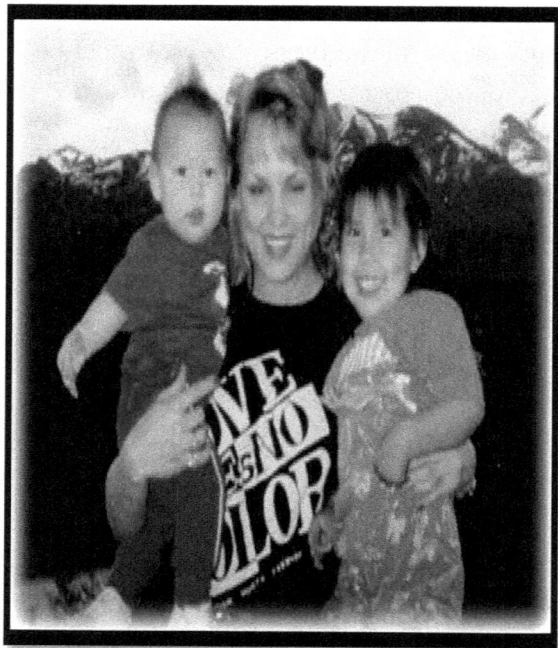

Грижа се за здравето си

Жените, които претърпяват насилие от страна на интимните си партньори, са по-склонни към депресия, имат проблеми с алкохолна зависимост, преживяват нежелана бременност и извършват аборти, също така са податливи на полово предавани инфекции, включително ХИВ.

Най-накрая отидох на лекар заради някои от здравословните проблеми, които бяха настъпили вследствие на преживяното от мен домашно насилие. Рядко се случва малтретирани жени да получат навременното медицинско обслужване, от което се нуждаят, заради мълчанието и омаловажаването на преживяното от тяхна страна. Аз не правех изключение.

Тук ще отбележа с известен сарказъм, че тялото сякаш не обича да го изнасилват. Изследванията на гърба и врата ми показаха, че увреждането на гръбначния ми стълб е сериозно. Лекарят каза, че съм „на един шиен прешлен разстояние" от парализа.

Помислих за това и осъзнах, че съм изскочила от колата, а насилникът ми ме е блъскал, дърпал, тръшкал на земята, мачкал, удрял и ритал. Всичко това ми беше причинило хронични болки във врата и гърба.

Предложиха ми операция, но се страхувах да предприема нещо толкова рисковано и сериозно. И как бих могла да се подложа на операция в положението, в което се намирах? Кой щеше да се грижи за момчетата и за мен? Така реших да започна физиотерапия. Ангажирах се и с тренировъчна програма, въпреки че тя да включваше само прости разтягания и упражнения на пода. Това като че ли облекчи болката ми, а и сякаш се чувствах по-добре.

Споделям изложеното по-горе, защото подобни неща се случват често, а и има последствия, които се забелязват по-късно в живота. Лекарите потвърдиха, че състоянието ми е необратимо и че ще бъде така до края на живота ми. Ще бъда напълно искрена и ще споделя с Вас, че това е единственото нещо, за което все още храня негодувание вътре в себе си. Ядосвам се, че трябва да прекарвам всеки ден в постоянна болка, а в същото време насилниците ми да си живеят живота без подобна физическа и психическа обремененост. Освен това не е честно всички последствия от техните действия да се стоварват единствено върху мен (принуждавайки ме да си припомням негативните събития в живота си).

„Е, ти си тази, която е позволявала да я тъпчат" - с такива мисли продължавах да се самонаказвам за погрешните решения, които бях взела преди много години. Физическата и емоционалната болка разгневяват човека. А болката, причинена от домашно насилие, може да окаже влияние върху целия му живот.

За да може Бог да изцели по свръхестествен начин болката, мъката и раните, нанесени Ви в миналото, първо трябва да проявите желание да простите напълно на този, който Ви ги е причинил, и да оставите този човек в Божиите ръце за възмездие и разплата. Бог ще въздаде справедливост за всички неправди, които сте понесла в този живот. Ето защо можете да оставите и най-лошите си врагове в Неговите ръце.

1992 год.

Тази снимка е от времето, когато бях в състояние да посещавам фитнес залата, като правех повече упражнения, спомагащи за облекчаване на болките в гърба ми. Посещавах и клуба на комиците, обичах да ги гледам и се смеех от сърце. Започнах да се срещам с повече хора, излизах на танци. Дори отново се върнах на работа с една група музиканти, като тяхна певица. И просто така за забавление, известно време играех ролята на „будвайзерско момиче", което поднася бира на клиентите[4], като междувременно правех реклама на вдъхновяващи личности, които ни помагат да изградим характера си.

Заради посещенията ми в училището на децата, грижата за семейството и новия ми социален живот бях доста заета. От друга страна, срещите с мъже не ме влечаха много. Бях се

---

[4] По аналогия с марката бира „Будвайзър". В случая става въпрос за предлагане на всякакви видове бира - бел. ред.

омъжила за първи път на 17-годишна възраст и цялата рутина около излизането по срещи ми беше чужда. Това беше нещо, от което просто се чувствах неловко.

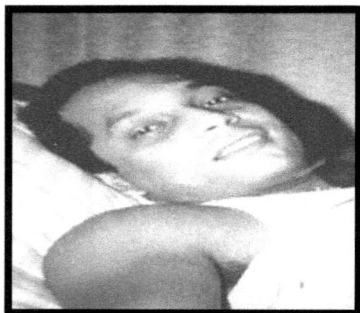

Точно тогава се запознах с Емилио. Бях го виждала няколко пъти на различни места, но никога не бях разговаряла истински с него. Като че ли той просто не беше мой тип. Не ми харесваха латино мъжете. Докато една вечер, през която бях в клуба на комиците с другите будвайзърски момичета, ненадейно се сблъскахме с него. Той дойде при мен и ме попита как съм. Аз отговорих:

- Истината ли искаш да ти кажа или не?

- Кажи ми истината - отвърна той.

- Всъщност разполагам с пет долара и се надявах да се видя с една моя приятелка тази вечер. Дължи ми пари.

Той каза:

- Това е много лошо. А знаеш ли кой съм аз?

- Виждала съм те наоколо, но не знам как се казваш.

Той отговори:

- Името ми е Емилио.

- Аз съм Делиша - отговорих.

- Знам името ти, виждал съм те да пееш с будвайзърките.

Аз казах:

- Съжалявам, но трябва да тръгвам. Просто не съм в настроение тази вечер.

В същия миг той напъха една банкнота от 100 долара в ръката ми и каза:

- Надявам се, че това ще ти помогне да прекараш една по-хубава вечер.

Погледнах го зашеметена и казах:

- Благодаря.

След като комиците приключиха шоуто си и заедно с приятелката ми се приготвихме да тръгваме, Емилио се обърна към нас и попита дали може да ни заведе на късна вечеря. И двете отвърнахме с „да", а аз добавих:

- Звучи страхотно.

Така се срещнахме с него в ресторанта. Беше малко китайско заведение, което работеше до късно. Говорихме си часове наред. Бях изненадана, че всъщност го харесвам, но усещах, че не е мой тип. И все пак беше толкова мил, че си помислих: "Да, бих излизала с него". И така, Емилио ми даде телефонния си номер. Така започнахме да общуваме и да се опознаваме. Започнахме да обядваме в някои от най-хубавите ресторанти в гр. Анкъридж. Емилио беше различен, а и беше колумбиец - първият латиноамериканец, с когото някога съм излизала.

Не бяхме готови да станем сериозна двойка. И двамата бяхме отворени за срещи с други хора и не бързахме да се впускаме в нова връзка, преди да сме сигурни, че започнатото ще е нещо специално. А и мисля, че и той, и аз се пазехме да не бъдем наранени отново.

Емилио стана опората, от която имах нужда в живота си. Той беше цялата ми подкрепа. Много хора биха ме упрекнали, че съм се превърнала в една *зависима от него бавачка*, но аз все още не познавах Емилио като човек с психологически проблеми, който има нужда да се промени. В моите очи той беше верен, помощник, грижовен, мил, спонтанен, екзотичен и изключително страстен. Но понякога ми се струваше и като самотник, натрапчив, сърдит, недоверчив и лош.

Докато излизахме, осъзнах, че не си падам особено по срещите, но пък и не харесвах положението си на несемейна. Знаех, че ще се чувствам по-добре, ако не правя извънбрачен секс. Така съм отгледана - според библейските принципи, характерни за южняшкото възпитание. Знаех къде съм грешала преди. Вече аз бях тази, която контролира живота си, и исках връзка, при която ще имам спокойна съвест. Културният ми мироглед също се нуждаеше от сигурност и духовна ангажираност. Това означаваше, че ми трябва брачен партньор. Ако останех несемейна, щях да продължа да се чувствам зле. А последното нещо, от което се нуждаех, беше отново да започна да се чувствам зле. Бракът беше моят личен избор, защото не исках духът ми да е обременен с чувство на вина. Желаех да отпразнуваме нашата връзка, подплътена с брак - с други думи по един законен и богоугоден начин.

Но за да се избягва блудството, нека всеки мъж да има своя собствена жена, и всяка жена да има свой собствен мъж (1 Коринтяни 7:2).

Освен това бях навършила страховитите „30 години". Бях разведена майка на четири момчета. Може би статистиката на медиите за жените, които встъпват в брак след 30-годишна възраст, ме наплаши. Трябваше да помисля за остаряването, преди да му дойде времето. Емилио беше с една година по-възрастен от мен и мислех, че и двамата сме достатъчно зрели, за да си изберем партньор в живота. В крайна сметка бяхме излизали цели 6 месеца и смятах, че го познавам добре като личност.

Наистина бях убедена, че можем да изградим сполучлива връзка - той никога не беше злоупотребил словесно или физически с момчетата или с мен.

Оказа се, че Емилио е от рядко срещаните хора, които приемат децата като даденост. Той дори се радваше на новото си семейство. Семейството на Емилио беше в Колумбия, а майка му - някъде в Съединените щати.

А в Америка самото споменаване на държавата Колумбия предизвикваше асоциации с всеизвестния наркобарон и трафикант от гр. Меделин - Пабло Ескобар.

Колумбийският картел

Много ми е неудобно да продължа разказа за този момент от живота си поради срама, който изпитвам от факта, че приятелят ми беше наркотрафикант. Всъщност хората като него бяха известни като териториални лидери. С помощта на свои сътрудници той отговаряше за разпространението на наркотици от Южна Америка до Сиатъл, Вашингтон и щата Аляска.

Но трябва да се върна към онзи момент и онова време и да призная, че тогава можех да приема този начин на живот.

Всички ние можем да се запитаме: „Защо хората обичат филма *Белязано лице*? С какво ни привличат герои като Тони Монтана? Защо гледаме филмите с Ал Пачино?". И отговорът е, че тайно харесваме вечното „лошо момче", лошия герой, който изминава пътя от беден имигрант до владетел на империя за милиони долари. Само да не забравяме какъв е продаваният продукт, а именно: кокаин. Но дори да знаем всичко за пагубния кокаин, има нещо вътре в нас, което продължава да съзерцава тези съмнителни сделки и екстравагантния начин на живот на наркокултурата. Защо този филм е сред класиката на всички времена? Това е така, понеже хората обичат Тони, обичат да гледат как Тони Монтана се изкачва по стълбицата на властта. Неговият живот е наистина завладяващ! И докато си седим на дивана, загледани в него, без значение колко безмилостен е той всъщност, образът му излиза извън рамките на класиката.

Тони се хранеше в най-скъпите ресторанти, живееше в огромна къща, караше най-луксозните коли, а русокосата му жена беше неговата дясна ръка. Убедих се, че мога да играя тази роля, без много да му мисля. Казах си, че ако него не го е грижа, и мен няма да ме е грижа.

Изоставих изцяло принципите, ценностите и убежденията си, за да продължа да живея живота, който водехме. В по-голямата част от времето си бях близо до марихуаната и алкохола заради забавната индустрия, но никога не съм имала проблеми с кокаина. Не съм използвала и други наркотици от рода на коката и хероина. Знаех, че такава дрога би превзела контрола над живота ни. Но и никога преди не бях водила подобен начин на живот, с толкова много лукс: Емилио и аз посещавахме пищни партита, роклите ми бяха все скъпи, носех диаманти и кожени палта. Винаги ходехме на вечеря в заведения с гледка към заснежените върхове на планинската верига и заледения Аляски океан. Социалният ни живот сам по себе си беше опияняващ и не познаваше граници. Купонясвахме, докато клубовете затворят, а после отивахме в други, отворени след полунощ. Въпреки че по време на тези партита не се засичахме с познатия на всички богаташ Пабло Ескобар, знаехме, че сме част от Колумбийската/Перуанска картелова връзка.

Що се отнася до пиенето, предпочитах лекото вино, за да не се стига до тежки среднощни изпълнения. Станахме част от вълнуващия живот на подземния престъпен свят и следяхме дейността му „отвътре".

Тази криминална среда беше от полза и за децата ми не само заради желаните от тях материални облаги, но и заради фигурата на баща, подкрепящ ги във всичко, което можете да си представите.

Сякаш живеехме двойствен живот.

Никой не може да служи на двама господари, защото или ще намрази единия, а ще обикне другия, или към единия ще се привърже, а другия ще презира. Не можете да служите на Бога и на мамона [5] (Матей 6:24).

Никога нямаше да мога да си позволя всичките играчки, дрехи и посещения на спортни клубове, където ходеха синовете ми, ако не желаех да достигна едно различно и същевременно нормално ниво на търпимост.

Въобще нямах намерение да започвам да водя подобен живот. Мислех си, че не бих могла да издържа дълго по този начин. Надявах се, че Емилио ще зареже този бизнес, когато е готов да се захване с някоя по-законна работа. Но финансовата изгода е способна да мотивира всекиго.

За мен особено силен мотиватор беше фактът, че дълго време бях живяла на ръба на оцеляването. Това ме караше да продължа напред. При предишния си начин на живот бях изпитвала отчаяна нужда да се погрижа за себе си. А сега имах повече свобода за личността си, макар и сред цялата тъмнина, изпълваща този самоуверен свят. В него бях влязла като една удавница, към която се протяга ръка за спасение. Тя не задава въпроси на спасителя си, докато не излезе от опасност.

---

[5] Означава „ богатство" - в някои преводи на Библията виждаме този вариант - бел. ред.

Понякога действаме неправилно, а друг път само реагираме. Онази нощ в клуба на комиците се чувствах толкова затруднена финансово, а Емилио се появи като мой спасител. Не го попитах как се изхранва или откъде има пари. Само знаех, че през онзи месец можех да купя храна и да платя сметките. Бях се научила да изразявам личното си мнение и чувствата си, но затъвах финансово. Дори и след като се бях дипломирала, не успявах да си намеря работа, в която образованието ми да бъде оценено, а финансовите и медицинските ни нужди (моите и тези на децата ми) - обезпечени. Като че ли се бях трудила толкова много, за да получавам само отхвърляне.

Направих своя избор сред малкото възможности, които ми се предлагаха в онзи момент. Надявах се, че вече съм поумняла. Но за съжаление по онова време взех немалко погрешни решения.

Бих обобщила чувствата си по следния начин: да, таях в себе си огромна вина, но тя не надминаваше наученото от изпитанията по оцеляване, през които бях преминала.

Бъдете трезви, бъдете бдителни, защото вашият противник, дяволът, обикаля като ревящ лъв и търси кого да погълне (1 Петрово 5:8).

Отново булка - трети път за късмет. Импровизираният сватбен ден.

Денят на нашето бракосъчетание протичаше страхотно. С Емилио отидохме да купим рокля и обувки. Той искаше да имам специална рокля за сватбения ни ден. Намерихме съвършената рокля – дълга до коляното, кремава, дантелена. След това купихме нужната украса. Сватбата щеше да е у дома - едно обикновена тържество, с няколко приятели и децата, без особени приготовления.

Джейсън отговаряше за видеокамерата, Брайсън ме съпроводи до олтара, а Пейтън носеше пръстените. Сватбената торта също беше скромна, със свещи, които запалихме по време на церемонията.

Брачните клетви бяха изречени и започна да се лее шампанско. Малката ни следобедна сватба протече в спокойна атмосфера - всички се усмихваха за снимките и се наслаждаваха на храната и напитките.

Денят клонеше към залез, гостите започнаха да се разотиват, а Емилио и аз решихме да излезем на вечеря и да отпразнуваме бракосъчетаването си. Но по някаква причина онази вечер не можахме да намерим ресторант - навсякъде, където искахме да отидем, беше затворено или пък в заведенията имаше много хора, които чакаха да бъдат настанени.

За разлика от повечето младоженци в деня на сватбата им, ние решихме да отидем на танци. Клубът не беше толкова претъпкан, понеже беше средата на седмицата. Затова през по-голямата част от вечерта дансингът беше наш. Наистина си прекарвахме страхотно.

Тогава един мъж седна на нашата маса и като че ли това някак подразни Емилио. Той не каза какво от думите на новодошлия го разстрои толкова, но беше готов да напуснем незабавно клуба след разговора с него. Раздразненото му поведение определено помрачи празника ни. Започна да ми става неудобно от внезапното му избухване. Никога не бях го виждала толкова побеснял. Чувството, което изпитвах, ми беше доста познато, и това ме плашеше. Емилио заудря яростно с юмрук по таблото на колата. Правеше го отново и отново, докато повърхността не се пропука. След това започна да лющи покритието на таблото, изтръгна го и го изхвърли през прозореца, докато карахме по улицата. Пътищата още бяха заледени и задната част на колата започна да поднася, тъй като Емилио натискаше все по-силно педала на газта. Мощният двигател на Камарото изрева, ние се подхлъзнахме и изхвърчахме от единия край на магистралата към дърветата покрай пътя. Бях ужасена! Започнах да крещя:

- Намали, намали!

Но той продължи да кара така, сякаш искаше да загинем на място.

Не разбрах какво се беше случило, за да настъпи тази промяна в поведението му. Но определено разпознах смъртоносните знаци на насилието. Исках само да изляза от колата и да избягам от него! Може и да съм си затваряла очите пред криминалната дейност на Емилио, но нямаше да остана с поредния насилник. Не можех да допусна тези отношения да продължат и ден повече, с вензапните му изблици, които можеха да ни погубят.

Всичко, което занимаваше мислите ми, беше тази внезапна промяна след сватбата - подобно на случилото се с Ерик и Томи. И ето, отново се случваше! Клатех невярващо глава и размишлявах: „Сдържат истинските си емоции, докато не получат документите, с които ставаш тяхна собственост?".

След като стигнахме до дома ни и изскочих от колата, в главата ми започнаха да нахлуват спомени за отминалите дни и години от живота ми. Не можех да повярвам, че същото нещо се повтаря. Опитвах се да се грижа за семейството си, а вече виждах вероятното си бъдеще като преповатаряне на миналото. И си казах: „Не! Не го искам пак!". Мислех си, че отново ще поема контрол над всичко, без да се преструвам, че нещата ще се оправят. Взех твърдото решение, че **няма** да омаловажавам агресивното му безразсъдно шофиране; **няма да игнорирам факта, че той поставя живота ми в опасност!** Исках просто да седна на стола в стаята си и да размишлявам за живота. Бях останала без думи и без вяра, затова че така съм подценила Емилио.

Раздразнителността му не стихваше. Той ходеше ядосан напред-назад из къщи, опитваше се да ме накара да повярвам, че не е станало кой знае какво, и хвърляше вината върху човека, седнал на нашата маса - бил му казал нещо.

Четирите отличителни черти на насилието: омаловажаване, отричане, оправдаване и обвиняване

Вече не бях онова малко наивно момиче от миналото, не ми беше нужна още една проблемна връзка. Не се чувствах объркана от това, което ми се беше случило, или от това, което желаех. Исках бракът ми да бъде анулиран. Но преди дори да мога да повдигна въпроса, Емилио видимо се смути, когато, загледана в планините, му казах, че ми е нужно малко време, за да се отпусна и да се съвзема.

Вместо да успокои обстановката, за пръв път Емилио започна да се държи грубо с мен. Тактиката на всяване на страх е друг често срещан метод, използван от насилниците. За да могат да контролират, те демонстират най-различни форми на агресивно поведение. Той ме сграбчи за врата, разкъса нощницата ми, вкара ме насила в спалнята и поиска да правим секс. При домашното насилие този, който го прилага, има власт и контрол над другия - не сексът беше това, което той желаеше най-много, а да контролира ситуацията. Мислеше си, че по този начин всичко ще се оправи. Типичното мислене на насилник – „сексът ще разреши всичко". Знаех, че този секс няма да е кой знае какво. Тогава Емилио продължи да настоява, питайки:

- Защо не искаш да правим секс? Заради колата ли? Извинявай! Забрави!

Тогава казах само каквото мислех и чувствах:

-   В момента не ми е до секс, защото още треперя от опита ти да се блъснем и да загинем и двамата с тази кола!

(Може би насилниците използват колата като оръжие.)

Седях на ръба на леглото, облечена в красива розова нощница. Беше толкова хубава, покрита с малки сладки розички и бяла дантела, специално предназначена за първата ни брачна нощ. Не подозирах какво предстои, нямаше никакви предупреждения или спорове. Емилио ме удари по лицето така, че паднах на леглото. Само с един удар ме повали. Не зная, може би съм изпаднала в безсъзнание за минута-две. После отворих очи и започнах да се взирам в светлините по тавана. Гледката беше замъглена и дори не бях сигурна какво се е случило. Тогава погледнах встрани от светлината към пода и усетих нещо влажно. Беше кръвта ми: бе потекла от носа ми със силна струя, попита от нощницата ми. Само преди миг нощницата ми беше красива и изтънчена, а в следващата минута цялата беше в кръв. Бях зашеметена и когато погледът ми се проясни, Емилио полудя още повече. Накрая осъзнах какво се е случило – ударил ме е толкова силно, че съм припаднала. Счупил е носа ми с един силен удар. Гневът му беше толкова спонтанен и безразсъден, също като настроенията му. Тялото ми трепереше от болка, а кръвта продължи да тече. Треперейки, закрих носа си с ръце и изкрещях:

-   О, Боже, не! Боже, помогни ми!

Но Емилио се държеше като диво животно, което е хванало ранената си плячка. Каза ми:

- Престани да ревеш като бебе!

И започна отново да ме удря по лицето, без дори да му пука, че носът ми е разбит. Като че ли искаше още кръв да изригне от там. Хванах ръката му и изкрещях:

- Причиняваш ми болка! Боли ме! Моля те, престани!

Той хвана ръката ми и ме ухапа по кокалчето на показалеца. (Изглежда хапането е често срещано в Южна Америка. Ако гледате футбол, знаете за какво говоря.)

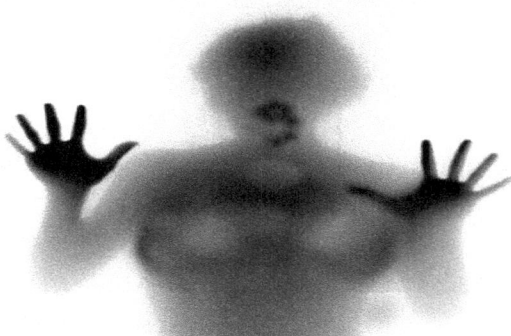

Когато се разкрещях, той ме натика в душ кабината и пусна студената вода. Продължи да ме удря по счупения ми нос и после пак, и пак, като искаше да измие кръвта. Колкото повече плачех, той толкова повече се ядосваше. Паднах на пода в кабината, закрих лицето си - не можех да викам заради болезнените удари. Замръзвах от студената вода, но той продължи да ме нарича „бебе" и да ме удря. Докато се свивах на топка там, на пода в банята, той започна да ме рита. Срита ме в ребрата с думите:

- Ставай, бебе такова!

Опитах се да се изправя, но той пак започна да ме рита.

Умолявах го да спре, като му обещавах, че ще направя каквото поиска. Но агресията му не стихваше.

Разбрах, че Емилио има сериозни емоционални проблеми - проблеми, които не бях забелязала преди онази нощ. Все повтаряше неща, с които възрастните „възпитават" децата - като обидната реплика „Спри да се държиш като бебе!". Едно дете би ли се защитило от възрастния си нападател? Характерното при него беше, че ме хапеше. Не че го оправдавам, просто Ви разказвам тази част от живота си, като обръщам внимание на проблема с насилието над деца. По този повод по-късно разбрах, че майка му е била тази, която е притежавала огромна психологичеса власт над уязвимите си деца и най-вече над единствения си син. Гневът, негодуванието и горчивината, които проявяваше той, бяха типични черти на едно поругано дете, станало жертва на насилие. Наистина мисля, че този момент от първата ни брачна нощ предизвика у Емилио голяма подсъзнателна буря от болезнени спомени от детството му, които са изригнали, изваждайки на повърхността дълбоко вкорененото в него негодувание. Убедена съм, че жестоката му агресия произтичаше от някаква травма в детството му. Именно заради нея нападението му над мен беше толкова ужасяващо. Такова наглед безпричинно насилническо поведение може да се дължи на потисната сексуална вина, да е израз на безпомощност, да е породено от насилие в детството или да е предизвикано от всички тези фактори едновременно. Но симптомите му на страдание за жалост се стовариха върху мен. Емилио освободи върху мен своя гняв, потискан в продължение на десетилетия, което е още един пример за цикличния характер на насилието. От психологическа гледна точка това се нарича **преекспониране**.

Когато избягах от него, отидох в кухнята. Разполагах с нужното време да набера 911 и да изкрещя в слушалката:

- Моля Ви, помогнете ми!!!

Точно тогава Емилио влезе и изтръгна телефона от мен. Продължаваше да повтаря, поклащайки глава като малко дете:

- Не! Не! Не! Защо?

Почесваше се по главата, сякаш беше объркан. Когато дойде полицията и започна да го разпитва, той каза:

- Нищо не съм направил.

Но се държеше така, като че ли иска да скочи от втория етаж. Полицията го хвана, сложиха му белезници и го вкараха в ареста.

Не ме беше грижа за **новобрачната раздразнителност на Емилио или моя психологически анализ на мотивите му** за жестокото нападение. Повдигнах обвинения!

Полицията записа показанията ми и направи снимки. Взеха предвид кървавите отпечатъци по стената на душ-кабината, окървавената разкъсана нощница и белезите по лицето и тялото ми, след което си тръгнаха. Затворих вратата и когато бях сигурна, че е заключена, се свлякох на пода съкрушена.

Не спирах да плача, а от носа ми течеше кръв. Затворих подутите си очи. Погледнах балоните и цялата висяща от тавана украса и се зачудих как се обърка всичко.

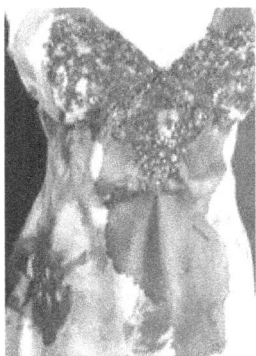

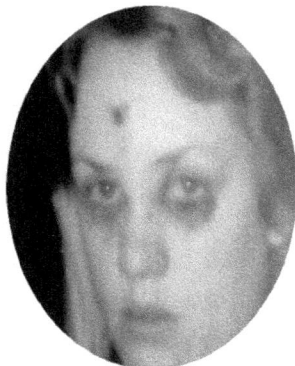

Исус се просълзи (Йоан 11:35)

Със сигурност водех духовна война с Врага на душите ни:

И Господ каза на Сатана: „Откъде идваш?". А Сатана отговори на Господа и каза: „От обикаляне нагоре-надолу по земята и от ходене насам-натам по нея" (Йов 2:2);

Защото нашата борба не е срещу кръв и плът, а срещу началствата, срещу властите, срещу световните владетели на мрака на този свят, срещу духовете на злото в небесните места (Ефесяни 6:12).

Сатана е князът на този свят. Но Святият Дух е навсякъде, на всички места, по всяко време. Исус ни изпрати този Помощник, за да имаме достъп до Него във всяко време на нужда. Въпреки че Сатана е богът на този свят, той не е по-силен от истинския Бог:

...чиито умове е заслепил богът на този свят, за да не би

да ги озари светлината на благовестието на славата на Христос, който е образ на Бога (2 Коринтяни 4:4).

Проблемът е, че Сатана върши най-изтънчената си работа сред вярващите, в църквите:

Вие сте от баща дявола и желаете да вършите похотите на баща си. Той беше от началото човекоубиец и не стоеше в истината, защото в него няма истина. Когато говори лъжа, от своето си говори, защото е лъжец и на лъжата баща (Йоан 8:44);

И беше хвърлен големият змей, старовременната змия, наричан дявол и Сатана, който мами целия свят; хвърлен беше на земята и ангелите му бяха хвърлени заедно с него (Откровение 12:9).

Сатана ме беше измамил. Той ми пречеше да вървя с Христос. Беше ме излъгал и атакувал директно. Да, това се случваше с тялото ми, но също ставаше и с духа ми. Положението ми беше сериозно. Бях потиснала съвестта си и нарушила моралните си норми. В подсъзнанието ми се беше вкоренила дълбока емоционална несигурност, която проникваше във всяка една област на живота ми.

Истината е, че омразата не изключва любовта, нито любовта изключва омразата. И колкото и странно да изглежда, напълно е възможно едновременно да мразим и да обичаме един и същи човек. Вярно е и това, че преди последното нападение обичах живота си. Обичах Емилио. Беше ме грижа за живота и благополучието му. Тези противоречиви емоции породиха у мен най-болезнените чувства на вина, самоненавист, депресия и тревожност. Самият Сатана шепнеше в ушите ми, когато си задавах въпросите: „Мога ли да бъда по-посредствена от сега? Да бягам ли или да се впусна напред?". Всичко това ме обърка толкова много. И в крайна сметка ми беше станало ясно, че никой не може да нарушава нравствените си принципи и правилата на вярата си, без да изпитва вина и объркани чувства.

Исках всичко да бъде както преди. Не желаех децата да станат свидетели на още едно бедствие. Така че им казах, че предната вечер сме се блъснали с колата и съм си ударила лицето в таблото ѝ. Срещнах се с Емилио в полицейския арест. Показах му лицето си – той се разплака и каза, че съжалява. Разбира се, че наистина го чувстваше, мъжете като него винаги правят така. Накрая ми каза какво го е провокирало да се държи толкова зле през онази нощ. Каза, че когато онзи мъж отишъл при него, го попитал дали има малко кокаин. Емилио му отговорил с „не" и му казал да го остави на мира, защото това е сватбената му вечер. Той се обърнал към Емилио с думите:

- Върви там при кокаиновата си курва!

Аз самата не употребявах кокаин, така че това не би трябвало да го е обезпокоило кой знае колко. По-скоро мисля, че силно е желаел да гледат на него като на нормален мъж с жена и деца. А тази конфронтация му е послужила като огледало за другата реалност, в която той живее. Той беше известен като наркопласьор.

Имаше нов списък с правила. Правила, които не познавах. Картелът бе създаден, за да защитава пласьорите на дрога, като междувременно се бе обособил и като съюз на семействата им. След като съм се присъединила към тях, без да знам, съм била защитавана, семейството ни е било пазено. Напуснех ли Емилио, щях да изложа всички ни на много атаки. Приех това като реална заплаха, имайки предвид, че

Колумбия е световна столица на убийствата със статистика от 27 000 убийства през 1992 г. Погледнем ли Пабло Ескобар, ще видим, че той беше поел целия наркотрафик в Меделин. С времето беше успял да наложи контрол на над 80% от наркотрафика към Съединените щати, изграждайки репутацията си с насилие. Беше известен не само с убийствата на своите съперници и врагове (дори и на семействата им), но и със саморазправата си чрез лична екзекуция на несработили се с него негови подчинени. Затова тогава най-добрата алтернатива за мен беше да остана с Емилио.

Той обеща, че случилото се в първата ни брачна нощ никога повече няма да се повтори. Така и стана. Беше страхотен! Хубавото да съм омъжена за наркотрафикант беше в това, че Емилио имаше много свободно време. Участваше активно в живота на децата. Според него те се нуждаеха от вниманието ни. Вниманието, което той никога не беше получил в детството си. Момчетата живееха щастливо, а и аз се чувствах по същия начин.

Всичко вървеше много добре, а териториалният отговорник за нашия „район" ни дойде на гости. Изненадах се, когато го видях. Изглеждаше обикновен човечец, нисък на ръст, доста скромно облечен. Поиска да ни заведе на вечеря. Посетихме един доста невзрачен барбекю-ресторант. В онзи ден нямаше много хора и седнахме на една голяма маса в центъра на залата. Децата можеха да си изберат каквото искат от менюто. През цялото време, докато бяхме там, Емилио и събеседниците му говореха на испански. Няколко пъти го помолих да ми преведе, но той само се усмихваше и си продължаваше с испанския. Всъщност не знам какво ми стана тогава, но се изправих като на шега с бутилка студена вода над главата му.

- Ще превеждаш ли или не?

Той се засмя и се обърна към човека, когото ще наричам г-н Перу. И така, излях всичката вода върху главата му! Насядалите на масата прихнаха от смях, дори и този г-н Перу. Аз обаче бях бясна и излязох от ресторанта, като им оставих децата. Казах им да се наслаждават на „мъжката" си вечер! Попитах Емилио какво е казал г-н Перу за мен.

- Харесваш му – отвърна той. - Най-много му харесва смелостта ти.

Краят на една епоха

По-голямата част от бизнеса на Ескобар се състоеше във внос на кокаинова паста от Перу и Боливия. Следваше преработката ѝ в Колумбия и доставката ѝ в Съединените щати. Град Анкъридж в щата Аляска не правеше изключение. Съединените щати наложиха голям натиск върху Колумбия да сложи край на надмощието на Ескобар. От онзи момент нататък неговата съдба бе решена: властите, с финансовата помощ и подкрепа на САЩ, започнаха да го издирват, жив или мъртъв.

Пабло Ескобар беше убит през декември 1993 г.

Той бе запомнен с успеха си в наркобизнеса, с

колективната си и самостоятелна жестокост в търговията с наркотици и със способността си да корумпира изцяло властите. След убийството му корупцията рязко спря. И тъй като Меделинският картел се разпадна след смъртта му и бизнес-партньорите му в САЩ останаха на самостоятелна издръжка, това означаваше, че ние сме в центъра на играта! ФБР взеха решителни мерки срещу корупцията в полицията, която бе свързана с трафика на наркотици в гр. Анкъридж, и никой там не искаше да действа. Продажбите на дрога бяха в застой. Всякакви парични потоци секнаха. И нямаше хора, които да не са на ръба.

Докато една сутрин не ми се обади мъж с испански акцент. Каза, че е братовчед на г-н Перу, поиска да говори със съпруга ми, така че подадох телефона на Емилио. Той поздрави и замълча, само държеше телефона. Каза ми, че има нещо гнило, много гнило. И продължи с това, че г-н Перу никога не би предал нещо чрез някой друг, а и обаждащият се не е с перуански акцент.

Имаше нещо гнило, много гнило. Без подкрепата на Пабло Ескобар нещата вървяха към война. Разбрахме, че от ФБР са установили местоположението на г-н Перу. Били са в къщата му, когато един агент е набрал последния номер на телефона му, който се е оказал нашият. По вечерните новини съобщиха, че стените в дома на г-н Перу са изолирани с около 1000 килограма чист кокаин. Името на Емилио беше в списъка със заподозрени. Но понеже второто име на г-н Перу беше Емилио, те си мислеха, че са пипнали точния човек. Той беше осъден на 25 години.

Осъзнах, че току-що за малко не ни вкараха в затвора за 25 години! Щях да изгубя децата си. Исках вече да си тръгваме и то бързо. Но не стана толкова лесно, особено по време на буря като тази - а тя назряваше. Всеки щеше да се впусне в търсене на плъхове. Кой искаше да си ходи? Ако си тръгнех в този момент, нямаше безопасно място, където можех да се скрия. Преместихме се в малък град, а Емилио заряза престъпния живот и заживя прилично. Работеше малко черна работа, което доста промени живота, на който бяхме свикнали.

Напрежението нарасна, когато подадох молба за развод веднага след медения месец. Реших да приключа с това, което бях започнала. Приготвих докладите за домашно насилие и казах на съдията, че Емилио е на корабен риболов и не може да присъства на изслушването. Документите ми за развода бяха приети. Когато казах на Емилио за това, той побесня. Но този път не постъпи жестоко, а само започна да ме изнудва. Бях скрила малко пари в една „не особено законна" сметка и той знаеше това. Заплаши ме, че ако не остана с него, тази незаконна дейност ще бъде разкрита. Каза, че ме обича и че още съм негова жена. По това време, докато бях навън, няколко момчета се приближиха към мен и ме попитаха дали аз съм доносникът, причинил фалита. Трябваше да им отговоря: „НЕ! Ако доносникът бях аз, щях да живея на някой плаж като охраняван свидетел!". Беше страшно, така че присъствието на Емилио до мен все още беше важно, за да може да ме пази. Но настъпи момент, когато целият този грях достигна критичната си точка.

Промяна на поведението и отношенията ни – 1995 г.

На 21-годишна възраст бях навлязала в процес на изграждане, бях приела Христос. Но в този момент имаше застой в развитието ми. Бях изгубила контрола над живота си, позволявайки на Емилио да ме манипулира, като използва слабостите ми. В психологията наричаме това явление „подсилващи страни". Моите бяха: сексът, любовта, храната и парите. И така, някъде между 1992 г. и 1995 г. бях в **упадък, криза, рецидив** - както и да го наречем, ще е вярно. Разсъждавам доста време върху тези неща, защото мисля, че е важно хората да разберат развитието, което търпи поведението на всеки човек, без значение дали то е в отрицателна или положителна посока.

Според казаното по-горе, ако човек не се движи напред, той се движи назад.

Когато става дума за самоусъвършенстване, е необходимо да си създадем сериозна стратегия за себеопазване. Трябва да се научим да избираме с кого или с какво да се захващаме и най-важното – да тренираме ума си да се вслушва в интуицията ни. Трябва да се научим да се пазим от нежелани последствия. За мен тягостните последствия бяха следните - вече бях на 32 години и исках да умра. Чувствах се много зле. Не можете да се впримчите в лудостта на някого другиго, без това да изпие силата Ви. Така енергията Ви бързо може да бъде изсмукана.

Психологията обяснява това по следния начин: предназначението на неврохимичните вещества в мозъка е да ни помогнат да реагираме правилно при внезапна кризисна ситуация. Когато сме изплашени или стресирани, в тялото ни се отделят определени хормони на стреса, които да ни накарат да действаме бързо, за да избягаме от опасността или да се справим с нея. А представете си сега, че тялото ви усеща постоянна заплаха. Моите тяло, ум и дух бяха непрекъснато стресирани и сигналните ми системи са блокирали, понеже са били пренаситени с хормони на стреса. Когато започна насилието от страна на Емилио, умът ми вече не функционираше така, както би трябвало да функционира. Затова е толкова важно навреме да обръщаме внимание на **превенцията** на психичните заболявания.

Нуждите ми не бяха посрещнати

Страдах от дълбока депресия, поради което имах нужда от незабавна медицинска намеса.

Трябваше да измъкна семейството си от тази среда.

Нуждаех се от нечия помощ! И мисля, че някой ми я даде. През онази нощ, след като привършвах предсмъртното си писмо (планирах самоубийство), изпих доста хапчета, но все още бях будна. Затова започнах да търся още хапчета, които да погълна, за да съм сигурна, че ще ми подействат. Тогава влезе Емилио и каза:

-   Ти какво, цял ден ли ще спиш?

Аз бях толкова сънлива в този момент. Исках до края на живота си той да изпитва вина заради страданието, което ми е причинил. И му казах истината:

-   Да, ще спя цял ден и цяла нощ и се надявам, че никога няма да се събудя.

- Какво ти става пък сега? – попита той.

- Повръща ми се, лошо ми е, гади ми се от теб! Искаш ли да знаеш какво ми е? Толкова ми се повдига от теб, че не ми се живее!

Той видя флакончето с хапчета и ме попита:

- Колко от тези си изпила?

- Просто ме остави на мира! - разхълцах се аз, като покрих лицето си с възглавницата.

Той взе останалите флакончета с хапчета и излезе. Седнах на пода в тъмната стая. Мисълта, че това може да са последните ми минути на земята, започна да прониква в съзнанието ми. Отново си преповтарях всички причини, поради които не заслужавам да живея. Чувствах, че това е моят начин да поема отговорност за действията си, защото дълбоко в себе си още вярвах, че съм нищожна. А това, че Емилио излезе от стаята, оставяйки ме да умра, само потвърди предположенията ми.

Когато мислите ми започваха да се накъсват заради изпитите хапчета, аз се зарових замечтано в същите тези мисли. Изплуваха най-различни спомени с децата – смеехме се, тичахме из парка, бризът подухваше, а слънцето грееше... Но после мракът се завърна. Стаята беше тъмна и глуха, а моята наслада от живота бе заменена от мъка. Изгубих съзнание.

Вън от тъмнината

Събудих се на сутринта и когато погледнах през прозореца, видях слънчеви проблясъци по росата. А чрез тези капчици, напояващи земята, аз също почувствах как силата на природата се завръща в тялото, ума и духа ми. Разбрах, че тъмнината може да бъде или унищожител, или да дари време за почивка.

Срещата със смъртта понякога ни носи разни послания и си изясняваме някои неща.

Росата започна да блести, което дълбоко ме впечатли. Бях преживяла нощта. „Интересно - помислих си, - аз съм като росата по тревата!" С мисълта за росата на лицето ми се появи усмивка. Никой не мисли истински за нея или за значимостта ѝ. Но някой се грижи за всичко, в природата няма нищо незначително. Всички ние трябва да блестим и излъчваме светлина, да отразяваме незабравими впечатления. По това време едва ли знаех, че Исус е с мен и използва този символ на Обновяването: росата символизира съживяването и възраждането на растителния свят. Много стихове в Словото говорят за това. В Песента на Моисей четем:

Словото ми да капе като росата... (Втор. 32:2).

А по-нататък в Библията откриваме:

Ще съм безмълвен и ще гледам в обиталището си... като росен облак в припека на жетвата (Исая 18:4);

...главата ми е пълна с роса... (Песен на песните 5:2);

...То е като ермонската роса... (Пс. 133:3);

...ще са за Теб като росата Твоите млади (Пс. 110:3);

...росата ти е като росата на тревите... (Исая 26:19).

Йов пък казва за времето на преуспяването си:

...и росата в клона ми нощува... (Йов 29:19).

Други описват росата като символ на тихо прокрадване, на незабележимост (2 Царе 17:12) или пък на непостоянство (Осия 6:4; 13:3). Познанието на Бога включва всичко, свързано с явленията в природата, които са загадка за човека (Йов 38:28; Пр. 3:20).

Осъзнах, че трябва да се освободя от Емилио. Оказа се, че това не е добре за него. Хубавото при него беше, че не прояви повече насилие, но и не се справи много добре с отхвърлянето. Когато му казах, че искам да си тръгне от живота ми, той избухна. Натика ме в големия ни килер и ме държа известно време там. Започна да ме души с ръце, както се случва по филмите, като почти прекърши врата ми. И ми каза с тих глас :

-   Ще те убия, чуваш ли? Ще те убия!

Затичах се към горния етаж, а той ме последва. Децата бяха в коридора и когато ме видяха, попитаха:

-   Какво става?

Емилио блъсна Джейсън в стената и му каза да си гледа работата. Аз изтръгнах сина си от него и процедих през зъби:

-   Току-що направи огромна грешка - никой не постъпва така с децата ми!

Това беше всичко. Накрая видях, че блъфира.

-   Говори каквото искаш на когото искаш, не ми пука. Всякакъв друг живот би бил по-добър от този – категорична бях аз.

Трябваше да подхранвам у себе си сили за борба и да се боря за живота си.

Най-напред отидох на лекар и помолих за някакъв антидепресант.

След това казах на Емилио да си върви :

- Не ми пука какво ще направиш! Нито на кого ще кажеш! Не искам да те виждам повече!

Незабавното дебнене започна. Аз вече го бях преживяла два пъти с Ерик и Томи. Знаех колко опасно може да стане.

Посланията на Емилио гласяха: *Моля те, скъпа, само ми отговори; Делиша, моля те, само вдигни слушалката!; Ще полудея тук, би ли ме чула? И можем да излезем някъде на вечеря!; Делиша! Вдигни проклетата слушалка!; Защо ме разиграваш по този проклет начин?!; Заповядвам ти да ми отговориш, ако обичаш!; Ще дойда при теб, щом не вдигаш, като ти звъня! Знам, че си там!; Защо просто не поговориш с мен?; Знаеш, че те обичам!; Знам, че ти е нужна помощ, така че отговори ми!*.

Понякога съобщенията бяха двадесет, понякога тридесет, а понякога и повече. Той идваше до дома ми, след което се записваше на телефонния секретар:

- Наминах до вас. Би ли ме пуснала да вляза, за да поговорим? На улицата съм.

Не исках да му давам власт да ми говори и затова пусках секретаря да го записва. Това го ограничаваше в заплахите. Знаех, че той никога не би допуснал заплахите му да бъдат записани. Единствената причина, поради която продължих да използвам телефонния секретар, бе нуждата от доказателство, че ме следи. А и исках да съм достатъчно информирана за психическото му състояние.

След като ме тормозѝ и следя няколко седмици, най-накрая Емилио осъзна необратимостта на решението ми. Той се обади и ми каза, че се мести в гр. Сиатъл, за да започне нов живот. Казах му, че това е чудесна идея.

Премести се в Сиатъл, но продължи да се обажда. Правеше го отново и отново... Просто не беше на себе си. Започна да се държи така, сякаш още сме заедно. Отново се опитваше да определя какво да се случва в животите и на двама ни. Най-накрая му казах, че излизам с нов приятел. Целта ми беше да го накарам да се отърси от тази фикс идея, че още сме заедно.

- Кой е той? - попита Емилио.

И продължи да ми вменява чувство на вина, че съм му изневерявала.

- Емилио, не сме женени, не живеем заедно и по никакъв начин няма да бъдем заедно! Можеш да си живееш живота!

Престори се, че ме е разбрал, но обажданията му не преставаха месеци наред.

Срещата ми с Майк и постоянното
досаждане на Емилио – 1995 г.

Една моя приятелка току-що беше преживяла много неприятен развод. Предлагаше ми да отидем заедно в някое заведение за срещи на несемейни с надеждата, че това ще ѝ помогне да превъзмогне раздялата. Аз не бях толкова съкрушена от раздялата си с Емилио, колкото от негативната промяна, която той беше внесъл в живота ми. Неговата неспособност да загърби миналото беше доста смущаваща - трябваше постоянно да поглеждам зад гърба си, да проверявам задните седалки на колата, преди да се кача да шофирам. Бях много обезпокоена. Това беше повторение на дебненето, което бях претърпяла от Ерик и после от Томи.

Емилио не се възползва от нито една от уликите срещу мен, с които разполагаше и с които ме беше заплашвал. Поне засега, защото се надяваше, че ще се помирим. А аз таях надеждата, че като му дам време да се освободи от негодуванието си, той ще осъзнае колко разрушително е да се съберем - не само за мен, но и за момчетата. Знаех, че той истински ги обича. Определено не исках да излизам онази вечер, понеже начинът ми на живот се беше променил. Повече не ходех по барове и клубове - бях станала различна, бях съзряла. Но приятелката ми ме молеше:

- Моля те, имам нужда някой да дойде с мен, да ме изведе малко навън...

- Добре - казах аз. - Но точно в 12 ч. през нощта ще трябва да си тръгна, защото сутринта искам да отида на църква.

Същата вечер се запознах с Майк. Родом беше от щата Тексас, а семейството му - от щата Луизиана. Всъщност баща му беше от Луизиана, а майка му беше англичанка. Изглежда имахме нещо общо помежду си – и двамата бяхме израстнали на Юг. Той също беше разведен, имаше двама сина и стабилна работа. Беше и християнин, което звучеше много обещаващо.

Чувствах се странно. Бях казала на Емилио, че всичко между нас е приключило. А той продължаваше да ми натяква, че ако започна да излизам с друг мъж, това нямало да е морално от моя страна! Аз не бях прелюбодейка! Хората все искат да ни наложат тяхното мнение за нас самите. Но ние трябва да се научим да ги игнорираме и да се държим за истината.

Когато Майк се обади, по поведението ми личеше, че не съм готова отношенията ни да прераснат във връзка. Чувствах, че имам нужда да се съвзема, преди да се впусна в поредната връзка. А и досадният ми вътрешен глас не ми позволяваше да се отпусна в присъствието му, въпреки че все пак го харесвах.

Това лято започнах да излизам с Майк. Обаче Емилио все още ме притесняваше по телефона. До края на лятото между

Майк и мен се появиха силни чувства, така че трябваше да сложа край на манията на Емилио.

Тогава той започна да ме моли да отида във Вашингтон за рождения му ден, за да се видим „просто така, като приятели".

- Още сме приятели, нали?

Поговорих с Майк за това и го убедих, че е добре да направя това, за да избия от главата на Емилио натрапчивите му идеи. За мен беше от съществено значение отново да му кажа в лицето, че всичко между нас е приключило, както и да спре да ми се обажда и да ми пречи. Трябваше да го отрежа окончателно.

Пристигнах в Сиатъл, а Емилио ме чакаше с отворени обятия. Беше смущаващо, но го съжалих и ме заболя от това, че трябва да разбия мечтите му. След всичко, което ми беше причинил, все още ли изпитвах състрадание към него? Ходехме на вечеря, по магазините, обикаляхме като туристи. Той беше толкова нежен и се държеше по същия начин по време на целия ми престой в Сиатъл. Сервира ми закуска в леглото, подари ми няколко шишенца парфюм, елегантно опаковани върху масичката. И накрая поднасяше свещите и бонбоните, така да се каже, доста непохватно.

Но както всички правят впоследствие, и той показа истинското си лице. В момента, в който се опитах да поговоря за взаимоотношенията ни, той се превъзбуди - там в ресторанта - и на лицето му се изписа някакво диво изражение. Аз, естествено, трябваше да го успокоя. Отидохме в апартамента му и му казах:

- Точно за това говоря! Виж как реагираш в яда си!

Отидох в спалнята, за да приготвя багажа си за път към къщи, и видях една поздравителна картичка за рожден ден, която носех за него в куфара си. Това беше просто приятелска картичка, на която пишеше „Честит рожден ден!" и „Надявам се, че животът ти занапред ще бъде хубав". Ядосах се от случилото се в ресторанта, скъсах картичката на две и я метнах в коша. По-късно същата вечер Емилио отиде да хвърли боклука и я е видял. Влезе в апартамента и се държа така, все едно бях изхвърлила целия му свят.

Много отдавна той беше разбил сърцето ми. И без да искам, аз постъпих по същия начин с неговото.

Емилио ме изпрати до самолета, подаде ми една червена роза (знаеше, че обичам точно такива рози) и каза, че ме обича.

- И аз те обичам, но знаеш, че повече не можем да бъдем заедно.

- Не казвай това! – отвърна той.

- Сега трябва да тръгвам. Ще се грижиш за себе си, нали, Емилио?

Най-накрая се освободих от тревогите. Качих се в самолета. По време на престоя ми в Сиатъл той не ми беше посегнал по никакъв начин.

Докато слизах от самолета в Анкъридж, стюардесата извика след мен:

- **Госпожо, госпожо, забравихте си розата на седалката.**

- **Не, не, не съм я забравила... – спогледахме се за**

~ 221 ~

малко и добавих - можете да я задържите.

Слязох от самолета с мисълта, че веднъж завинаги съм сложила край на неговите мании. Майк ме чакаше на летището. Попита как е минало, а аз отговорих:

- Нека не говорим повече за това. Да кажем, че направих необходимото.

Той ме прегърна и се прибрахме.

Бяха минали само няколко дни, когато обажданията отново започнаха. Събеседникът от другата страна вече не беше толкова благ. Обиждаше, говореше нецензурни думи и пак излагаше семейството ми на опасност. Така че си смених телефонния номер.

На следващата вечер в дома на Майк беше извършен взлом. Къщата беше по-скоро разхвърляна, отколкото обрана: по стените беше драскано с бръснарско ножче, но нищо не липсваше. Тогава предположихме, че вероятно са били някакви квартални хлапета.

На другия ден поканих Майк на вечеря със семейството ми и докато се хранехме, ми се стори, че видях някого на двора през щорите на плъзгащите се врати. Беше Емилио! Опита се да се скрие, но аз го хванах. Отворих вратата и казах:

- Здравей, Емилио. Не знаех, че си имал път към Анкъридж... Бих искала да те представя на един приятел...

Емилио влезе у дома и двамата с Майк си стиснаха ръцете. Надявах се, че това ще го накара да осъзнае, че е свършено! Казахме на Емилио, че се каним да излизаме и го попитахме дали иска да го закараме. Преди да си тръгне, той попита дали може да използва телефона и по този хитър начин си записа новия ми номер.

Спряхме на бензиностанцията. Емилио използва това, че сме сами, за да прошепне в ухото ми:

- Знам, че не ти пука за този мъж - той пуши.

Емилио помнеше, че ненавиждам цигарите. След това каза:

- Знам, че още ме обичаш.

- Престани, Емилио! – възпротивих се аз.

Тогава Майк се върна в камиона. Емилио размени няколко думи с него. Убеди го, че е сигурен в решението си, както и че ще продължи да живее живота си.

Споделих с Майк това, което Емилио ми е прошепнал в камиона, а той само се изсмя. Бяха минали няколко дни, когато с крайчеца на окото си видях Емилио в бакалията, където пазарувах. Приближих се до него с въпроса:

- Какво правиш още в Анкъридж?

- Имам още малко работа – отвърна той.

- Да, разбира се – казах аз.

Тогава той ме хвана за бедрата и ме придърпа към себе си, след което ме целуна по устата. С впит в мен поглед и с допрян нос в моя той заяви:

- Знаеш, че ме искаш, усещам го. Толкова си красива, Делиша, и знаеш, че те обичам.

- Не, Емилио, остави ме на мира! Вече имам нова връзка, проумей го най-сетне!

Тогава Брайсън, Пейтън и Девън ни доближиха и се обърнаха към него.

- Здрасти, Емилио.

Емилио хвана Девън и го прегърна, също така прегърна и потупа Брайсън и Пейтън по главите. След това им каза:

- Мама разреши да ви заведа на пица, момчета!

А те извикаха:

- Дааа, пица!

И така, седнах в пицарията, докато Емилио се занимаваше с децата. Даде най-доброто от себе си, за да предизвика у мен някакви хубави спомени и чувства, надявайки се внезапно да променя намерението си. Но това не се случи.

След два дни в дома ми беше извършен взлом. Входната ми врата беше разбита. Извиках полиция и им казах, че не съм забелязала нещо да липсва от покъщнината. Докладвах на полицая за проблемите, които имах с бившия си съпруг, а той отвърна, че след като е бил преди у дома, тогава пръстовите му отпечатъци трябва да са още там. Така че нямаше нужда да се търсят нови. Съседите дойдоха и съобщиха, че са видели как Емилио излиза през кухненския прозорец. Полицаят отвърна:

- Е, видели сте го да излиза, а не да влиза в къщата.

И така, полицията не успя да направи нищо.

Вече се знаеше, че Емилио е бил промъкналият се в дома на Майк първата вечер, когато се е върнал в Анкъридж. Сега пък беше нахълтал в моя дом, но какво ли е търсел?

Години по-късно щях да разбра какво е отмъкнал от дома ми. Майк поправи входната врата и ми каза:

- Не се тревожи повече за това. Емилио вероятно вече се е завърнал в Сиатъл.

Както казах по-рано, краят на една връзка, изпълнена с насилие, е най-опасният момент за жената

Изтъквам това с изключителна загриженост. По всяка вероятност там се крие и причината около 900 000 жени годишно да страдат от домашно насилие в България. Но не само в България е така. Насилието над нежния пол засяга всички страни. Някои изследвания показват, че стряскащите 51% от жените се самоопределят като насилвани в настоящето или в миналото си. Влиянието, което насилието оказва както върху физическото, така върху и психическото здраве на жертвата, е огромно. Българският парламент прие Закона за защита срещу домашно насилие през 2005 година. С този закон държавата признава, че насилието в рамките на едно семейство не е просто въпрос от лично естество, а обществено значим проблем. А ако жертвата е решила да приключи с едно такова проблемно взаимоотношение, тя трябва да предприеме следните стъпки:

Обадете се на тел. 02/ 981 76 86. Ако живеете в друга държава, моля, свържете се с местното полицейско управление или болница. Те ще се радват да Ви помогнат.

Започнете да събирате всички свои важни документи и ги приберете на сигурно място. Уверете се, че не се намират в жилището.

Съставете си спасителен план. Много приюти помагат при изготвянето на такъв план. Трябва да започнете да мислите как ще се справите, ако между Вас и партньора Ви започне някаква кавга, а Вие сте си у дома, на работа или на друго място. Направете си списък с важните телефонни номера, които да имате у себе си и да можете да наберете при необходимост. Някои жени биха запомнили три важни номера, просто в случай че мобилният им телефон се повреди или връзката се разпадне. Имайте на разположение резервни ключове за колата или за дома си, в случай че насилникът вземе оригиналните. Ако решите да си останете у дома, се уверете, че можете да подсигурите нови ключалки (патрони) на вратите, веднага щом насилникът излезе. Нека всички Ваши познати знаят, че ако не се появите на работа или се случи нещо извън рамките на нормалното, трябва да позвънят в полицията. Измислете кодова дума, която може да използвате с приятели и членове на семейството, така че, ако сте в опасност, те да знаят, че трябва да се обадят в полицията.

Да не забравяме, че най-опасният момент за една насилвана жена е този, в който тя решава да сложи край на взаимоотношението. Това се вижда от почти всички мои връзки, описани дотук. Моля Ви, уверете се, че следвате тези инструкции, както и други подобни, които могат да се потърсят от местната фондация за защита от домашно насилие. Никой не заслужава насилие в живота си.

Решения от миналото изплуват наново, също и Емилио – 1997 г.

Макар и да се бях преместила и да имах нова връзка, Емилио се завърна. Помните ли как казах на Емилио, че независимо с какво ме заплашва, между нас е свършено? Силни думи на една жертва срещу нейния насилник. Но изнудването е основен принцип при престъпниците. То означава заплаха с цел да Ви принудят да извършите нещо против волята си. И е доказано ефективно.

Уведомиха ме, че Емилио е повдигнал няколко обвинения срещу мен, и че ме разследват.

В същото време получих писмо от адвоката на бившия ми съпруг Ерик, където се казваше, че той иска пълно попечителство над Брайсън.

Отчаяно търсех разрешение.

Емилио ме беше намерил и за свое улеснение се върна в града. Казах му, че не мога да повярвам, че постъпва така с мен. Отговорът му беше: „Не трябваше да ме напускаш!". Помолих го, ако обича, да прекрати това разследване заради мен и да подпише документите, които ме оневиняват. Той се съгласи. Уговорихме се да го взема от къщата на приятеля му, за да отидем в банката за нотариална заверка на документите. Взех Девън с мен, защото другите деца бяха още на училище.

А знаех, че Емилио ще се радва да види колко е пораснал Девън.

Когато пристигнахме с детето, Емилио застана пред прозореца на колата и усмихнат каза:

- Хей, защо не влезеш да видиш новата къща на приятеля ми? Много е хубава!

Аз отвърнах:

- Не сега, ще го направя, като се върнем от банката.

Той на свой ред отговори:

- О, хайде, искам да я видиш, страхотна гледка е, с всички екстри.

- Добре – съгласих се накрая, - ще оставя колата запалена.

Още беше студено и сняг покриваше земята. Емилио взе Девън и го прегърна, казвайки колко много сме му липсвали. Разходи ме из къщата на приятеля си, докато Девън седеше, загледан в любимата си анимация. Докато

разглеждахме къщата, поведението на Емилио се промени –

вече не се усмихваше... Вместо това започна да ми задава лични въпроси. Попита ме:

- И кога започна да се виждаш с Майк? Кога започна да правиш секс с него?

Аз отвърнах:

- Емилио, стига. Това е остаряла новина, да я забравим.

Бяха минали около две години оттогава. Той каза:

- Няма да го забравя. Знаех, че се виждаш с него. Аз бях този, който нахлу у тях. Знаех, че си с него.

Аз отговорих:

- Емилио, аз сама ти го казвах. А и ти даже се запозна с него, нали помниш? Да, виждах се с други хора, бяхме разведени! Ти живееше в друг щат. Не знам какво повече мога да ти кажа, за да се почувстваш по-добре.

Тогава той ме сграбчи за косата и ме издърпа в една стаичка, където беше подготвил заредена пушка. В този миг всичко ми стана кристално ясно: той беше планирал нещо много по-зловещо – да инсценира самоубийството ми. Това беше единствената причина за завръщането му в Аляска. Умът ми беше зает с изясняване на тази критична ситуация.

Къщата беше разположена близо до една планина, където никой не би ме открил. А какво щеше да се случи с Девън? Тези мисли препускаха в главата ми. Той натисна лицето ми с цевта на пушката и ме блъсна в стената. После каза:

- Ще те убия, а после ще се самоубия, защото ти разруши шибания ми живот! Ти ми отне семейството! И се чукаш с друг!

- Моля те, помисли за Девън! - казах аз. - Какво ще стане с него? Той е само на 5 годинки. Моля те, Емилио, нека поговорим. Съжалявам, че те нараних. Просто не можех да живея повече така. Моля те, прости ми. Той отвори вратата на стаята и ме избута пред Девън, все едно нищо особено не се случваше. Детето гледаше анимация. Аз казах:

- Трябва да отида до тоалетната.

Исках само да му дам време, за да помисли какво точно прави. Не излязох от тоалетната. Страхувах се. Той се разкрещя да отворя вратата, след което я разби и ми каза:

- Събличай се!

- Не, Емилио, моля те...

- Сваляй шибаните дрехи!

Не можех да мисля, а и той не ми даде време за това. Насочи пушката срещу мен и каза:

- Сваляй ги!

Започнах бавно да си събувам ботушите. Тогава той ме блъсна на пода, за да ме изнасили. Мислите ми останаха скрити - не казах нито дума. Не исках Девън да се плаши и не бях сигурна какво планира Емилио. Докато ме насилваше сексуално, започна да ми говори мръсни думи като:

- Ти си една ш----а кучка като всички останали. Не си по-добра само защото си моя жена!

Насилниците ни възприемат като вещи, които могат да

притежават или пък да изхвърлят, ако намерят за добре.

Почти веднага той напълно осъзна постъпката си. В академичните среди биха казали, че подобно поведение се дължи на т.нар. „теория на размяната". За Емилио да ме накара да заплатя за това, че съм го наранила, носи удовлетворение от типа на „сладко отмъщение". След това той ме попита:

- Още ли искаш да подпиша документите?

Аз отвърнах:

- Да.

Казах плахо на Девън да вземе якето и обувките си и да влезе в колата. Исках да го измъкна от къщата, преди Емилио да си промени намерението. Но той не си го промени и отидохме в банката, където подписа документите, сякаш нищо не се беше случило. Това поведение не ме озадачи - бях го понасяла през целия си живот в един или друг смисъл.

Той я преби и изнасили, а после каза, че я обича

Той поиска да ме заведе на вечеря, за да поговорим за случилото се. Страхуваше се, че ще отида в полицията. Това да излезем, за да похапнем и поооправим нещата, беше нашата типична „скалъпваща нещата" процедура. А аз го исках – исках да „оправим" всичко. Не можех да се справя с този допълнителен стрес. А и моята непоследователност вече Ви е позната. Какво ли не прави жертвата, за да спре размириците около себе си.

Седейки в ресторанта срещу мен, той попита дали може да ме целуне. (И това го поиска мъжът, който преди малко беше насочил оръжие срещу мен и ме беше изнасилил.) Той се наведе над масата и ме целуна нежно. Тогава видях от очите му да излизат сълзи. В интерес на истината, в този момент не чувствах нищо друго, освен съжаление към него. Да постъпим честно понякога може да е нещо изключително трудно, но в този ден аз реших да дам на Емилио нещо, което не бих дала и на себе си: правото да скърби, правото да чувства и правото да е в безопасност. И той беше в безопасност - не повдигнах обвинения срещу него, защото интуитивно усещах, че в онзи ден и двамата бяхме намерили своята свобода. Емилио беше изпитал едно прочувствено и истинско вълнение през този ден, може би за пръв път в живота си. Знаех, че най-сетне ми е дал свобода.

Свобода с цената на тормоз унищожава свободата

Майк знаеше, че ще се срещна с Емилио. Но при новосъздалите се обстоятелства не знаех как да му съобщя за станалото. Междувременно аз бях разбрала, че Майк пуши кокаин, а не просто цигари. И когато го прави, се превръща в коренно различен човек, ставайки изключително ревнив под въздействие на наркотика. Майк можеше да се ядоса за случилото се с Емилио и да ме обвини в изневяра, а това щеше да увеличи нивото на неговата тревожност. (У мен винаги имаше някаква загриженост за благосъстоянието на другите.) Все още живеех с представата, че взаимоотношението ни е „нормално" и се опитвах да се държа за „нормалния Майк".

„Нормалният Майк" много се разгневи на Емилио, когато все пак му казах какво е станало. Той поиска да отиде и хубаво да го подреди. Но аз го убедих да не се занимава с него – така само ще вкара себе си в затвора. Или пък ще да стане още по-зле, ако Емилио му отмъсти чрез връзките, които има. Най-добре беше да го оставим на мира.

Но „напушеният Майк" беше нещо съвсем различно.

Невидимият приятел, с когото имах връзка според него, вече имаше име – *Емилио.* А според напушения Майк, Емилио беше живеещият между първия и втория етаж на дома ни. Това му отреждаше място, не по-дебело от 8 инча: един съвършен пример за самовнушение или как дрогата поразява логическото мислене на хората. Знам, че звучи налудничаво. Но такива неща прави кокаинът с умовете на хората. Можете ли да си представите как се мъчех да му обясня очевидното - че човек не може да живее ей така, между етажите! Беше глупаво от моя страна да се опитвам да разсея тази самоизмама просто с думи.

Честотата на напушванията на Майк и степента им растяха с всяко увеличение на доходите му. Колкото повече пари печелеше, толкова повече купонясваше. На купоните се използваха и допълнителни психотропни вещества, най-вече алкохол.

Онази вечер беше като почти всяка друга вечер на **Майк с голяма доза кокаин и бира.** Той започваше да снове нагоре-надолу по етажите, когато го прихващаше редовният му „психоневротичен епизод". Предполагам, че няма да повярвате, но това беше самата истина.

Майк бе намерил разрешение за живеещия между етажите, висок 6 инча Емилио. Онази вечер знаех, че Майк е намислил нещо, понеже не влизаше и излизаше от спалнята както обикновено, включвайки и изключвайки осветлението, поглеждайки в шкафовете и под леглото. А и този път не се навърташе около мен с ухилена гримаса, произнасяйки любимия си израз: „Хванах те!", както имаше навика да прави. Психическият тероризъм, на който той ме подлагаше, беше доста предсказуем. Но този път Майк ме изненада с нещо различно, което нямаше как да предвидя.

Беше около 3 часа сутринта, когато чух силен шум, идващ от коридора. Отворих вратата на спалнята и тогава го видях. Майк стоеше приклекнал в килера с някакъв инструмент в ръцете си, нещо като метален лост. Беше дръпнал килима в коридора и насичаше дървения под отдолу!

Това беше повече, отколкото можех да понеса. Разкрещях се:

-   Какво правиш? Какво, по дяволите, правиш?!!

Майк просто продължаваше да издърпва гвоздеи от дървения под на втория етаж - като че ли беше обсебен от някаква мания. А тя беше да върви подир Емилио, който живеел у нас между етажите! Започнах да го дърпам, като се опитвах да го спра, но той продължаваше в същия дух. Точно тогава излязох от контрол и започнах да сипя ругатни, удряйки го по главата и викайки:

-   Какво му става на лудия ти мозък? Защо си причиняваш това? Чуй ме, никой не живее между етажите! Ти си луд, а и мен подлудяваш! Погледни! Виж какво направи! Рушиш къщата!

На другата сутрин казах на децата, че мислим да сменим килима. Като винаги, прикривах наркомана/пияницата.

Да живееш с наркоман

Кокаинът е стимулатор на централната нервна система.

Усилията ми да контролирам неговата употреба на кокаин доведоха до куп провали. Опитите ми да го държа настрана от кокаина имаха разрушителни последствия за мен самата.

Какво ставаше с мен? В момента преминавах през „реактивна депресия" (както я наричаме в психологическите среди) заради факта, че живеех в подобна непрекъснато изменчива и хаотична среда.

Понеже бях страдала от депресия преди, разпознавах симптомите ѝ. Усещах, че в момента губя битката с нея. Търпимостта ми към зависимостта на Майк ми вредеше. Не бях способна да се боря той да се откаже от дрогата. Аз самата се бях разболяла покрай него.

*Тревожите ли се относно това колко пие или употребява

наркотици човекът до Вас?

*Ежедневието Ви често ли е разстроено заради наркомана или пияницата? Често ли са осуетявани плановете Ви да отидете на почивка? Отлагате ли ходене или канене на гости заради него?

*Отказвала ли сте покани за мероприятия поради страх или притеснения?

*Имате ли чувството, че всеки празник или екскурзия се проваля заради напиването или дрогирането на човека до Вас?

*Имате ли финансови проблеми заради зависимостта му от алкохола или наркотиците?

*Била ли сте наранявана или засрамвана от поведението на пиян или дрогиран Ваш близък?

*Лъжете ли, за да прикриете алкохолизма или наркоманията му?

*Имате ли опасения или притеснения да водите приятели у Вас?

*Чувствате ли, че ако пристрастеният Ви обича, той (или тя) би спрял пиенето или наркотиците, за да Ви угоди?

*Мислите ли, че ако зависимият откаже пиенето или наркотиците, останалите Ви проблеми ще се разрешат?

Психически тормоз чрез лишаване от сън – 1997 г.

Майк продължи с навика си да влиза в спалнята, докато спя, включвайки осветлението, за да провери дали има мъж в леглото ми. Този странен ритуал стана все по-чест и съпроводен от непрестанни обвинения, че му изневерявам. Понякога той се промъкваше в спалнята в 3 или 4 часа сутринта не за да спи, а за да опипа леглото около тялото ми с очакването да ме хване как правя секс с някого. Кокаинът му беше втълпил налудничавата мисъл, че крия друг мъж в къщата. Тези непрестанни стряскащи събуждания ме накараха да стана свръхбдителна. Също и добре да разбера какво може да причини недоспиването на човешкия ум, тяло и дух. Ето защо лишаването от сън се използва при разпитите на затворници - заради силата му да пречупва духа.

Не ми беше позволено да спя. Това, естествено, причинява депресия. Мисленето ми и съсредоточаването ми бяха затруднени заради недоспиването. Все пак сънят е основна необходимост в живота. Накрая трябваше да призная, че живея под един покрив с наркозависим. И то такъв, който всяка нощ ме измъчва, търсейки хора, които не съществуват.

В края на краищата отидох на лекар, за да ми изпише лекарства срещу депресия и безсъние. Въобразявах си, че мога

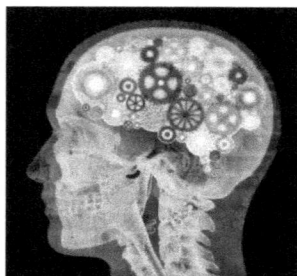

да упоявам себе си достатъчно, за да просапивам неговите „разпити". И така, една вечер започнах хапчетата за сън. А на сутринта се събудих със стърчащ нож над главата си, забит в таблата на леглото ми. Скочих от леглото и се запъхтях. Тогава очите ми съвсем се отвориха и се събудих напълно, така че можах да видя какво е направил Майк. Докато съм спяла (нещо, с което той не е свикнал), той пропълзял над тялото ми с месарския нож и издълбал в дървената табла точно над главата ми: „Ти, ш-----курво"! Бях ужасена!

Майк е извършил това зловещо деяние под въздействието на наркотиците. Това могат да сторят с хората психотропните вещества. Когато Майк беше нормален, той беше страхотен човек и никога не би направил нещо подобно! Дори не беше ревнив - знаеше, че през по-голямата част от времето си стоя в къщи, за да се грижа за децата. Обаче нощем той изпадаше в изстъпления... А на следващия ден омаловажаваше сериозността им и отиваше на работа така, сякаш нищо не се е случило. (Типично насилническо поведение и безспорен психически тромоз.)

Започнах да гледам на обстоятелствата като на сложен процес на отвикване от наркотиците с неговите успешни моменти и рецидиви. Последното, което исках, беше поредното разпадане на връзката ми. Пък и в крайна сметка Майк никога не ме беше удрял, нито ми беше изневерявал. А и беше добър човек, когато беше трезвен. Питате се как съм могла да имам толкова минимални очаквания от една връзка, нали?

През следващата година Майк продължи да има периоди на тежки халюцинации и самовнушения. Най-накрая това накара майка му да дойде от Тексас в Аляска да погостува на семейството на брат му и на нас.

Майката на Майк дойде в дома ни да прекара нощта и да види какво всъщност става с него. Тя не знаеше това, но аз се радвах да я видя, защото вероятно щях да поспя малко, ако тя отклони вниманието му. Когато тя и Майк влязоха в хола засмени и щастливи, аз се втурнах към банята да си взема гореща вана, след което веднага се отправих към леглото.

Той не можа да издържи без дрога дори по време на гостуването на майка си! Не можех да повярвам! Повтори и пред нея обичайните си действия, които търпях от цели две години насам. Майк разговаряше с майка си, мяркаше се в спалнята ни и излизаше. После се връщаше в хола да говори с майка си, след което пак изникваше в спалнята.

Както си лежах в леглото, се заслушах в разговора им. Майк каза на майка си:

- Виждаш ли тези черти по тавана? Хайде, мамо, знам, че ги виждаш!

Тя отговаряше:

- Не, Майк, не разбирам за какво говориш.

Аз се смеех в леглото си, защото знаех, че не е повярвала на всичко, което ѝ бях разказвала по телефона, нито на уверенията ми колко сериозно е положението на сина ѝ.

На около десетото му влизане в спалнята вече не издържах. Последвах го в хола, където седеше майка му и се развиках:

- Ето за това говоря!

Майка му каза:

- Какво?

- Ще ти кажа аз какво, непрекъснато влиза и излиза от спалнята да види дали не спя с някой друг.

А на него изкрещях:

- Стой далеч от спалнята и ме остави да поспя!

Когато се върнах в спалнята, чух майка му да казва:

- Тя е луда!

Вбесих се, излязох от спалнята и отново се развиках:

- Аз ли съм луда? Синът ти е този, който ме подреди така! И няма да се откаже от дрогата! Даже в момента е доста напушен!

Предстоеше майка му да разбере моята гледна точка до края на онази нощ. На сутринта тя си тръгваше, за да отиде на гости на брат му за останалата част от престоя си. Каза ми:

- Не мога да стоя при него. Опитах се да го успокоя, но накрая на мен самата ми стана зле и взе да ми се гади, и цяла нощ ходих в тоалетната, превърнах се в кълбо от нерви.

Това беше крайно недостатъчно, за да помогне на емоционалното ми състояние. Но поне доказах, че съм права.

Време е съветникът по пристрастявания в мен да изясни нещата

Зависимият в този случай беше Майк и както споменахме, веществото, към което беше пристрастен, беше крек. Крекът е най-чистата форма на кокаина, получена чрез „готвене" – пречистване от примеси. Тогава придобива вид на бучка, която се пуши с малка стъклена лула, като предизвиква чувство на еуфория в рамките на няколко секунди. Единственият начин крекът „да удари” наркомана по-бързо е венозното му приложение (инжектиране на воден разтвор на крек). И двата начина на прием водят до силна зависимост. Но все пак колкото по-бързо наркотикът достигне мозъка, толкова по-силно е пристрастяването към него.

Първият път (началото), когато Майк е пушил крек, той го е „сготвил” сам. Бил е на 19 години. „Баща на негов приятел” му е дал да пробва. (Това трябва да е бил самият дявол, предрешен като човек.)

Майк ми беше споделил следното:

- Знаех още от първата доза крек, която взех, че вече съм зависим и че няма да мога да стоя далеч от него.

Тогава беше 1996 г. Бяха изминали единадесет години, откакто Майк е започнал крека. За това време той е преминал през два брака, две деца, два развода и преждевременно уволнение от Военновъздушните сили на САЩ, но не по заслуги. Тоест изглежда, че още при първото си пушене Майк много вярно е предусетил, че ще се пристрасти към този наркотик.

Тук бих искала да прекъсна за малко разказа си, за да отделя време за описанието на 10 от най-честите зависимости. И да Ви покажа как всеки един от нас би могъл да се пристрасти към нещо.

1. **Пристрастяване към алкохола**

Алкохолът е лесно достъпен и употребата му от пълнолетни лица е законна. Продължителната или прекомерната му употреба може да доведе до проблеми с пристрастяване. Употребата на алкохол в относително малки количества може да намали способността на човек да управлява автомобил безопасно и е фактор при престъпленията с насилие, в това число над семейния партньор или над деца.

2. Тютюнопушене

Всъщност пушачите не са зависими от цигарите, а от никотина, който те съдържат. Това силно пристрастяващо вещество е причината тютюнопушенето да е труден за преодоляване навик.

3. Зависимост от психотропни вещества

Понятието „психотропни вещества" включва както незаконно пласираните наркотици, така и законно продавани лекарства. Проблемът и в двата случая е един и същ, независимо дали избраното психоактивно вещество се отпуска с рецепта или не.

4. Хазарт

На много хора им харесва да участват в игри на късмета с надеждата да спечелят пари или друга награда. Когато играта се превърне в натрапчива мисъл до такава степен, че индивидът е неспособен да спре, независимо че това създава проблеми, значи лицето вече се е пристрастило към комара.

5. Пристрастяване към храна

Храната е нещо, от което всички се нуждаем за оцеляването си и храненето би трябвало да е приятно преживяване. Пристрастеният към храната не е способен да контролира храненето си в определени интервали от деня и използва храната като начин да успокои чувства на тъга, депресия или тревожност.

6. Видеоигри

Пристрастеният към видеоигрите играе толкова дълго време, че това ограбва живота му. Най-пристрастяващи са игрите, в които играчите имат някаква роля и могат да общуват с другите играчи.

7. Пристрастяване към интернет

Интернет може да е чудесен ресурс в живота ни. Там имаме възможност да търсим информация, да четем новини и блогове и да общуваме с хора от цял свят. Можем да следим банковата си сметка и да пазаруваме онлайн. Употребата на интернет се превръща в пристрастяване, когато потребителят иска да е в мрежата през цялото време. Ако се чувствате притеснени или разстроени поради това, че не можете да сте онлайн, значи може би сте развили зависимост от интернет.

8. Пристрастяване към секса

Пристрастяването към секса няма нищо общо с половото влечение (или липсата на такова). Докато нормалният интерес към сексуално общуване е здравословен, пристрастените към секса хора често имат рисково сексуално поведение, с което се стремят да задоволят своя натрапчив импулс. Възможно е да посещават проститутки, да изневеряват, да правят секс с непознати, да проявяват ексхибиционизъм или да се вглеждат в прозорците на хората, само за да задоволят апетитите си.

9. Пазаруване

За някои хора невъздържаното пазаруване е действителен проблем. Те използват тази дейност, за да се справят с емоционални и други трудности в живота си. Това прекомерно пазаруване може да доведе до финансови проблеми, както и до усложняване на взаимоотношенията със съпруг или партньор.

10. Пристрастяване към работата

Последният елемент от списъка с десетте най-чести пристрастявания е нещо, което може да се смята за добро: работата. Усърдната работа по принцип е нещо, на което хората се възхищават. Много родители учат децата си, че тя е начинът да постигнат това, което искат от живота. Когато обаче работата се превърне във фикс идея, значи има проблем. Ако сте стигнали до положение, в което не можете да престанете да работите и да мислите за работа дори във времето Ви за почивка, значи може би посвещението Ви се е превърнало в пристрастяване.

Единадесетгодишната наркотична зависимост на Майк беше довела до появата на припадъци, невротично треперене и нужда от по-високи дози дрога. Майк и другите наркомани описват тази повишена необходимост от опиати като „преследване на онова велико нещо". Резултатът от това преследване при Майк беше развиване на тежка форма на зависимост.

Тъй като пристрастяването е областта, в която съм специалист, ще изложа само няколко основни начина за отвикване, за които имам добро мнение и в чиято ефикасност вярвам.

Наистина съвременните научни изследвания ни помагат да разберем по-добре възможните предпоставки за развитие на зависимост. Причината никога не е само една. Съществуват множество комплексни фактори, способстващи пристрастяванията. Аз, като християнка, определено приветствам факта, че учените признават ползата от духовността за лечението на много заболявания и разстройства, включително зависимостите.

И така, съществуват :

1. Методи, **основани на вярата**, които произлизат от определени религиозни ориентации. Молитвата, размишлението и съветването с духовни авторитети са техники, свързани с този модел. Този вид терапия се състои в изграждане или възстановяване на връзката с Бога.

2. Био-психо-социално-духовният (БПСД) метод за отвикване приема, че различните аспекти на пристрастяване са взаимосвързани. Единият аспект е влиянието на биологичните фактори, примерно генетичните дадености на човека. Вторият аспект е влиянието на средата. Това включва житейския опит на хората. Ранният ни житейски опит, ранните ни междуличностни взаимоотношения и културата, в която сме расли, могат да окажат голямо влияние върху нас.

Още три примера за нощи, изпълнени с халюцинации, предизвикани от кокаина

1. Преживяхме и нощи, в които той халюцинираше, че аз си имам приятел - момче за всичко - и че съм издълбала своите инициали и тези на мнимия ми

„приятел" по вратичките на кухненските шкафове. Точно това той обсъждаше с майка си онази вечер.

2. Освен това **напушеният Майк** беше убеден, че се опитвам да го убия с предписаното му лекарство за лечение на зависимостта му. Лекарството му беше дадено, за да помогне в намаляването на ненаситния му глад за дрога!

3. После дойде моментът, в който **напушеният Майк** връхлетя в спалнята около 3 часа сутринта (докато аз се опитвах да заспя) и скочи от прозореца на втория етаж. Приземи се върху малко натрупал сняг. След това продължи да тича из квартала, прескачайки съседски огради, преследвайки „невидимото ми гадже" на разстояние няколко мили. Животът беше тежък, много тежък.

Живеех във военна зона

И моите войски губеха битката. А нямаше къде да отида, нито ми бяха останали сили да се боря.

Окаяното ми положение ме убиваше. При това гълтах и прекалено много лекарства. С принудителното ми лишаване от сън, студените нощи в Аляска и цялата лудост около мен, аз бях военнопленник в битка за собственото си психично здраве, за собствените си мисли и убеждения, за принципите и личните си възприятия. Преди се бях чувствала по същия начин - в капан и без надежда. Изглежда ние винаги заставаме на фронтовата линия, за да предпазим другите.

Депресията - истинска болест ли е?

Известни личности, които са страдали от депресия

Джим Кери страда от депресия и въпреки че не е въодушевен от традиционните методи на психиатричното лечение, той определено обича да изследва проблемите си, като вниква в корените им.

Ашли Джъд в биографията си *Всичко сладко и горчиво* посочва, че депресията ѝ се дължи на бурното ѝ детство, изпълнено с насилие и самота. В интервюто си за *ABC* тя казва, че нейната „психологическа подкрепа" е кучето ѝ Шъг.

Оуен Уилсън. Като популярна личност е улегнал, но обичащ забавлението човек. През 2007 година светът видя тъмната страна на актьора, когато след няколко репортажа стана ясно, че е извършил опит за самоубийство в дома си в Калифорния. Някои от приятелите му са шокирани, но други казаха, че Уилсън, който е бил на 38 години по онова време, се е „борил със своите демони, сред които са депресията и пристрастяването към дрогата".

Хийт Леджър. Цялата истина за трагичната смърт на Леджър през януари, 2008 г., вероятно никога няма да се узнае: злочестият актьор, на 28 годишна възраст, се оказва натровен от свръхдоза приспивателни, обезболяващи и антидепресанти. Това става скоро след разкритието на *Ню*

Йорк Таймс, че същият младеж страда от безсъние. След смъртта му списание *Пийпъл (People)* разкри някои факти относно депресията му и невъздържаното му поведение.

Катрин Зита-Джоунс. През 2011 г. актрисата Зита-Джоунс, на 41 години, разкри, че има биполярно психично разстройство II степен, което причинява тежка депресия.

Принцеса Даяна е живяла в самота и депресия в ролята си на съпруга на принца. Тя е страдала и от следродилна депресия, и от хранителни смущения. Според *BBC* нещастието ѝ нараснало при разпадането на брака ѝ, а е получавала много малко съчувствие от страна на семейството си.

Брук Шийлдс. Моделът и актрисата Шийлдс е една от първите и най-видни личности, които говорят открито за борбата си срещу следродилната депресия.

Уинона Райдър. Изпълнява главната роля и е изпълнителен продуцент на тематичния филм *Съкрушено момиче*. Главната героиня е млада жена, която в продължение на две седмици е в психиатрично отделение – нещо, което определено описва лични преживявания на актрисата. След като приключва дълготрайната ѝ връзка с актьора Джони Деп, Райдър, на 19 години по това време, започва да злоупотребява с алкохол, като има проблеми с тревожност и постепенно изпада в депресия.

Известни личности, преживели домашно насилие

Влиянието, което оказва насилието върху подрастващите момчета, се забелязва още от двегодишна възраст. Според данни от проведените изследвания, това може да са бъдещите насилници.

Момиче, което е свидетел на насилие в дома си, израства с разбирането, че боят е нормална част от една връзка или един брак.

Холи Бери, носителка на наградата Оскар, е ревностен организатор на събития против домашното насилие. Тя самата е била пряка потърпевша от такова. През 2004 г. актрисата призна, че е била удряна толкова ожесточено от бивш свой приятел, че е изгубила слуха на дясното си ухо. Бери никога не разкри самоличността на нападателя си. Наскоро тя призна, че майка ѝ също е била жертва на домашно насилие. И когато същото се случило и с нея, актрисата разбрала, че е време да сложи край на това взаимоотношение.

През 2009 г. **Марая Кери** разкри, че е била жертва на емоционална и психическа злоупотреба. Мегазвездата рекламираше един филм, посветен на тази тема. В него тя заявява, че домашното насилие не е нещо ново за нея. Кери се омъжва за музикалния магнат Томи Мотола през 1993 г. Развеждат се пет години по-късно. Певицата казва в шоуто на Лари Кинг:

- Има няколко вида насилие... емоционално, психическо и какво ли не още. То е нещо страшно. Човек попада в такава ситуация и се чувства заключен в нея. На мен ми беше трудно да изляза, понеже имаше обвързване не само в брака, но и в бизнеса, където този човек контролираше живота ми.

R&B-изпълнителката **Риана** говори открито за насилието, което е претърпяла от бившия си приятел. Според слуховете певицата е била бита от Крис Браун, което се е забелязвало от белезите по лицето ѝ. Браун се предал на полицията и изказал извиненията си, заявявайки, че „съжалява и е натъжен от случилото се". Потърсил е и помощта на психоаналитик. Впоследствие става ясно, че самият Браун вероятно е бил подлаган на насилие в детството си, тъй като и майка му е била физически малтретирана от втория му баща.

Тина Търнър. Всеощо известно е, че бракът на Тина с Айк Търнър е бил изпълнен с много насилие. Това е разкрито най-вече благодарение на филма *Какво общо има любовта с това*, посветен на живота ѝ. В него певицата е жестоко пребивана и изнасилвана, а злоупотребяващият гаси цигари в тялото ѝ. Съпругът ѝ Айк е описван като жесток, контролиращ социопат. Когато публикуват автобиографията ѝ, Айк всъщност признава, че в книгата всичко е предадено изключително точно. Бракът им трае 16 години, преди Тина да събере смелост да му сложи край.

Депресията представлява медицинско състояние, при което е нарушена биохимическата активност на мозъка. Прибавете към това психологическите фактори и ще видите, че умът Ви е в контрол на тялото Ви. Мозъкът ни по принцип е от съществено значение. Но в моето състояние той беше просто един депресиран и потиснат елемент, който създава само отрицателни състояния, мисли и чувства. Никой човек не може да наруши своите етични принципи или правилата на вярата си, без да пострада от съзнателно или несъзнателно чувство на вина.

Най-добрият начин, по който мога да обясня депресията на някого, който не вярва, че това е истинска болест, е като използвам следната аналогия: спомнете си времето, когато сте боледувал/а от грип и сте бил/а неспособен/на да мислите трезво, понеже тялото ужасно Ви е боляло. Може би сте имал/а главоболие и мускулни болки, които са били толкова силни, че с дни не сте можел/а да станете от леглото. Понякога сте се оправял/а сам/а, но в други случаи грипът се е усложнявал, като са били нужни антибиотици за лечението му, дори може би и настаняване в болница. И нищо друго не Ви е интересувало, освен да почувствате облекчение. Депресията може да се разглежда като грип на ума.

През по-голямата част от живота си аз съм била постоянно измъчвана. Затова ми е трудно да обобщя само с няколко думи състоянието на ума и личността си по онова време. Но мога да кажа, че човек като мен, чието съзнание е обременено с тежки обиди, трудно умее да общува спокойно и пълноценно с когото и да било. В това число е и Бог. Аз бях една „класическа жертва", както обичам да казвам. Бях зависима, имах ниско самочувствие, мислех, че не се справям добре и се чувствах безпомощна.

Насилваните жени също така са описвани като често преминаващи през състояния на депресия и тревожност, които се усложняват до тежки психични болести от депресивно-тревожния спектър и водят до опити за самоубийство. Насилниците прекарват много време в угнетяване на жертвата. Насилието е често използвано като средство за демонстриране на сила и способност. Типичен пример е една от най-честите форми на насилие - изнасилването в брака, което представлява сексуален тормоз. Както вече Ви е известно, преживяла съм и това.

А тези от нас, които са претърпели депресия, знаят, че тя е истинска сериозна болест с висока смъртност. Както грипният вирус нахлува в тялото и причинява поразии, депресията заразява мислите и така владее умовете ни.

Натрапчивите мисли отново завладяха ума ми:

1. Опреният в главата ми пистолет на Емилио

2. Изнасилването

3. Психическият тормоз на Майк

Тялото ми се опита да събере сили за борба - реакция, която обикновено настъпва спонтанно при неочаквани опасни ситуации. Моята естествената реакция обаче беше притъпена. Даже въобще не се появяваше такава при мен. Какво се беше случило с бореца в мен? Какво бе станало с жената със силен дух, която бях преди?

Това, което се беше случило, бяха битки и бягства в продължение на дълги години. Те бяха притъпили спонтанните реакции на ума ми, създавайки ми по този начин илюзия за сигурност. Сега мозъкът ми умоляваше войските си да дойдат на помощ, но те вече бяха изтощени, тъй като преди непрекъснато са били призовавани.

Всяка вечер, когато Майк влизаше в стаята и ми задаваше въпроси, умът ми се задействаше. Това да ходиш по въже през целия си живот може да изтощи мозъка и да наруши химическия му баланс.

Веществата, които по принцип се освобождават, за да спасят животите ни, ме бяха накарали да съм постоянно нащрек. Тази свръхнатовареност и това пренапрежение бяха предизвикали у мен нервен срив и безпокойство.

*Можем и винаги трябва да имаме желание да се учим и растем, като трудните ситуации по принцип са най-големите подаръци!

*Бъдете снизходителна към себе си! Няма съвършени хора и изрядното поведение е трудно и, съдейки по повечето резултати, изключително рядко!

*Всичко, което ни се случва, има някаква причина. Вслушайте се в истинското си вътрешно „аз", в шестото си чувство, в Бог. Вярвайте в нещо много по-голямо от Вас самите, за да имате разбиране и виждане за живота. Понякога е невъзможно да разберем всичко, но с течение на времето идва яснота. Замълчете и слушайте!

*Простете на себе си и на другите. Скъпоценната Ви енергия ще Ви трябва за много по-важни неща!

Оказване на помощ на Майк или саморазрушителен навик?

Исус ни заповядва всички по света да се обичаме един другиго. Можем да се обичаме взаимно, без да омаловажаваме престъпленията на другия или да съдействаме на негативното му поведение. Съучастието в подобни неща само ще замъгли ума Ви, а тялото Ви ще страда.

Но в същото време се стремях да не бъда лицемер, на когото му липсва вяра.

Вярвах, че е възможно Майк да получи помощ. Вярвах и в чудеса. Майк наистина беше осъзнал и признал проблема си. Той също така бе поставен на лекарства, които да му помогнат по време на отвикването от наркотиците. Няколко седмици по-късно Майк ме обвини, че се опитвам да го отровя с тези лекарсва.

Духовното ми „аз" видя човек, който протяга ръка за помощ. А аз винаги съм била отворена за хора, които търсят подкрепа. Ходехме на църква всеки уикенд. Освен това търсехме лично съветване с пастора. Отидохме на консултация, също ходехме и на сбирки на анонимни алкохолици, които да му помогнат да се пребори с пристрастяването си. Опитах се да спечеля подкрепата и на семейството му.

Психологическият консултант в мен виждаше нещата по малко по-различен начин. Бях обучена как действа порочният кръг на пристрастяването и какви са начините за отвикване. Знаех, че възстановяването представлява сложен процес, а не само изповед на признание: „Знам, че имам проблем, така че ще се откажа". Имах знания за етапите, през които Майк трябваше да премине, за да се освободи от тази зависимост. **Мога също да добавя какво би сторил личният съветник в мен. Трябва да се освободим от прекалената си загриженост за благосъстоянието на другия и да започнем да водим по-щастлив и по-лесен живот, изпълнен с достойнство и права. Живот, направляван от Бог, Който има сила, по-голяма от нашата. Не е нужно да страдаме.**

*Да не страдаме поради действията и реакциите на наркоманите/алкохолиците.

*Да не позволяваме да бъдем използвани или насилвани в името на възстановяването на човека до нас.

*Да не правим за наркоманите/алкохолиците нещо, което те сами могат да направят за себе си.

*Не е нужно да манипулираме ситуациите от загриженост наркоманите/алкохолиците да се хранят, да спят или да си плащат сметките, да не употребяват алкохол или наркотици.

*Да не прикриваме грешките или злодеянията на наркоманите/алкохолиците.

*Да не предотвратяваме дадена криза, ако тя се случва като естествено следствие от събитията.

Оттеглянето

Оттеглянето не е нито любезно, нито грубо. То не означава, че наказваме или осъждаме човека, от когото се оттегляме. То просто ни позволява да се откъснем от вредните последствия, които може да има пристрастяването/алкохолизмът му върху животите ни. Оттеглянето помага на семействата да погледнат на ситуациите реалистично и обективно и по този начин да вземат възможно най-разумните решения.

Защото откакто се върнах, се разкаях и откакто бях доведен до разбиране, се удрям по бедрото. Засрамих се и даже се покрих със срам, защото нося позора на младостта си (Еремия 31:19).

Още един план за самоубийство – 1997 г.

Самоубийството е под номер 11 в класацията на водещите причини за смъртни случаи в Америка. Почти 7,5% от американците страдат от ПТСР през живота си.

Да страдаш от тежка депресия не означава, че си слаб, а че си бил силен твърде дълго. В онзи момент и при мен се бяха струпали множество рискови фактори:

1. Лишаване от сън в продължение на 2 години (това е известно средство за изтезания, което довежда

пленници, заложници или политически затворници до обезумяване)

2. Изнасилването от Емилио

3. Изнудването от Емилио чрез повдигнатите срещу мен обвинения

4. Претенциите на Ерик за пълно попечителство над Брайсън

5. Грижата за четирима сина и за сина на Майк, който прекарваше у нас дните за свиждане с баща си

6. Домашно насилие, продължаващо вече много години наред

Всичко това беше нарушило биохимичния баланс на мозъка ми. Всеки от нас има своите граници на поносимост. Насъбирането на гореизброените и други стресови фактори едновременно беше свръх силите ми. **Депресията** е състояние, в което **човек не може да мисли, а само чувства душевна болка** – ужасно силна, постоянна, нетърпима. Той посяга на живота си само за да избяга от болката. Тя е породена от чувство за вина и за малоценност, за провал, за несправяне. Страдащият от тежка депресия въобще не е в състояние да обмисли причините и последствията от отчаяния си акт. Както казахме, той въобще не може да разсъждава. Дори понякога не може и да се движи и изпада в т.нар. „ступор" – неподвижно състояние, в което дори най-дребните ежедневни действия са ужасно трудни и дори невъзможни – ставане от леглото, миене на зъбите, личен тоалет, хранене, пиене на вода, взимане на душ, обличане и т.н. Да съветвате такъв човек да се стегне, да „се вземе в ръце" е все едно да говорите на смъртно ранен: „Наложи си поне да спреш да кървиш!". Такъв човек не бива да се упреква в мързел или в „лигавене", а трябва да бъдат взети спешни мерки за възстановяване на биохимичния баланс на мозъка му. След това трябва да бъде предразполаган да споделя; да бъде насърчаван, за да види силните си страни; да му бъдат правени комплименти, за да се повдигне духът му.

Честно казано, отново планирах самоубийство. Пак дойдоха същите отрицателни мисли. Чувствах, че не съм добра майка и не мога да се справям в този свят.

Почерпих идея за начин на самоубийство от един трагичен инцидент, който бях чула по новините. Там се казваше, че наскоро едно цяло семейство е загинало на магистралата вследствие на „хипотермия", след като колата им се повредила на път за гр. Феърбанкс.

Стъпките

1. И така, напуснах дома си с тази мисъл, като взех шишенце с хапчета и потеглих с колата на север.
2. Спрях и си купих бутилка вино, като предварително знаех, че не трябва да ги смесвам. Взех хапчетата.
3. Уверих се, че в резервоара има много малко гориво. Знех, че там няма никакви бензиностанции и ще заседна встрани от пътя без отопление, точно както беше станало с онова семейство от новините.
4. Освен това щях да прибавя свръхдозата хапчета и алкохол.
5. Просто исках да сложа край на всичката болка и на цялото безумие в живота си.
6. Най-лошото бе, че не обвинявах другите. Не обвинявах майка си и баща си. Не обвинявах Ерик, Томи, Емилио или Майк. Обвинявах само себе си. **Поех цялата отговорност** за това, че бях **трудно дете, че бях малтретирана и изнасилена, за провалените ми**

връзки и всичко останало.

7. Бях научила какво означава за мен самата понятието „порочен кръг": това бе някакво обграждане, нещо като примка, като кълбо, което ме е затворило в себе си без възможност за друг изход освен смъртта. Защото очевидно не знаех достатъчно добре как да намеря изход.

Баща ми се намеси още веднъж – не земният ми баща, а Небесният. В онази студена нощ ми се пригади от хапчетата, които се бяха смесили с алкохола в стомаха ми. Събудих се, за да повърна встрани от магистралата.

До момента хапчетата бяха притъпявали инстинкта ми за самосъхранение. А сега без тяхното действие не можех да завърша започнатото. С тези хапчета трябваше да придобия хладнокръвието на убиец. Моят самоконтрол, моето отношение и преценка, вече изкривени от агресията, трябваше да унищожат естествената ми жажда за живот. А това е много трудно при човек, който през целия си живот се е борил за оцеляването си. В известен смисъл то означава да се превърнеш в убиец на самия себе си.

Отидох в приют за пострадали жени, където престоях няколко дни, преди да се завърна у дома. Когато се прибрах, абсолютно нищо не се беше променило, така че си съставих нов план.

След като Бог спаси живота ми за пореден път, прекарах в приюта за пострадали жени едва два дни без стрес, през които се наспивах и си отпочивах. Само те ми се отразиха достатъчно добре, за да си стъпя на краката и да възстановя мисленето си до такава степен, че се оказах способна сама да съставя план за лечението си.

Бързо решение на проблемите

Дотогава нямаше кой да ми изтъкне, че съм в състояние на криза и ми е нужна спешна медицинска помощ. Нямаше и кой да ми помогне. Сега вече сама осъзнавах сериозността на здравословното си състояние. Животът ме бе съкрушил. Той сякаш ми беше отнел всички възможни права, най-вече правото да живея в мир. Вътре в мен нямаше нищо, което можех да дам. Бях изгубена.

Точно тогава сама отидох с колата до болницата. Душевните ми терзания трябваше да бъдат прекратени по един или друг начин. Стабилизираха ме с лекарства и ме изпратиха у дома само след 3 дни. Когато бях вече там, събрах децата около себе си, за да обсъдим всичко като едно семейство. Вече трябваше да съм откровена с тях относно положението си и депресията си. На деца е трудно да се обясни какво причинява на Вас самата животът с наркоман и колко безмилостно Ви унищожава. Не можех да се грижа за децата си както бих искала, понеже не се грижех за себе си както трябва.   Обясних им, че ми е нужно време да сглобя живота си наново, за да мога да бъда по-добра майка за тях.

Продължих да им разяснявам плана си - щяха да живеят у бащите си поне за през лятото; също и че напускам Майк и щата Аляска и се местя в щата Аризона, където живее приятелката ми Ками.

Джейсън беше по-голям – първа година в гимназията. Той прие най-тежко това преместване и се разсърди, че трябва да напусне Аляска. **Брайсън** беше живял с Ерик преди. **Пейтън** винаги отиваше да види Томи през лятото, а този път щеше да остане с баща си малко по-дълго време - за него това не беше кой знае какво. **Девън** бе този, за когото трябваше да се тревожа най-много. Знаех, че няма да ми разрешат да го извеждам от щата Аляска, а не можех да го излагам на риск и като го пратя при Полийн. Трябваше да намеря разрешение.

Бях срещала бащата на Девън само веднъж – още преди Девън да се роди. По-късно бях научила, че е бил убит някъде по улиците. Така че си помислих, че бабата и дядото на Девън може да искат да го осиновят. Това вероятно щеше да е най-прекрасната новина, която те някога са чували – синът им има син, за когото те дори не са знаели.

След като ги намерих и си уредих среща с тях, стана ясно, че те не са очаквали Девън да е наполовина... юпик ескимосче! Знаех какво си мисли баба му - че детето не прилича на сина й Джери (който беше с червеникаво-руса коса). Бабата отказа всичките ми телефонни обаждания, както и предложението ми да се направи ДНК тест. Бях съкрушена. Не знам защо си задавах тези въпроси - вече знаех отговорите заради факта, че съм се родила и прекарала по-голямата част от живота си в дълбокия провинциален Юг. Но излязох от дома й втрещена. Как е възможно човек да бъде толкова студен? Как може хората да са такива ограничени расисти? Синът им е мъртъв, а те не желаят да разберат дали това дете е негово... Как може да не искат да обичат това дете, което е част от тях? Какво им става на тези хора?!?

Не исках Девън да е близо до тях! Това и казах на бабата при последния ни телефонен разговор. Казах ѝ още, че на нея самата ще ѝ липсва едно страхотно малко момче и че се надявам тя да съжалява за това някой ден. Тогава затръшнах телефона и загубих самообладание. Прегърнах Девън и го залюлях в обятията си, докато сълзите ми течаха, без да спират. Обичах го като свое собствено дете. Как можех да го оставя? Знаех, че нямам избор. Разпоредбата в защита на деца от коренното американско население бе строга относно отглеждането им - трябваше те да са близо до културата си. Само ако ги бях попитала, социалните служби щяха да го вземат и да го пратят при някое семейство от расата му. Налагаше се аз да намеря нови родители за Девън. За мен бе задължително да се разделя с него.

През следващите няколко седмици всичко щеше да си дойде на мястото. Семейството, с което Пейтън се бе сближил, чу за ситуацията и ми представи една двойка, която искаше да се запознае с Девън и може би да го осинови.

Проучих това семейство и процедурата по осиновяването стартира. Девън започна да прекарва уикендите си в дома им. Говорих и с Полийн, която се съгласи на отворено осиновяване - с право на свиждане.

За съжаление, макар и да бях човекът, който отгледа Девън през пърите пет години от живота му и който сам избра осиновители и им предаде лично сина си, не ми се полагаха никакви законни права. Но бях щастлива, че той си има семейство, способно да му даде всичко, което той поиска или от което се нуждае, за да има прекрасно бъдеще.

Той беше моето малко момче за период от пет чудесни години.

Още едно голямо преместване

След раздялата с Девън и заминаването на другите момчета Майк и аз обсъдихме да се преместим „заедно", за да започнем отначало - това се нарича „географска промяна". Но още преди преместването разбрах, че той няма да откаже дрогата, защото караниците и инцидентите даже се увеличиха и върнаха полицията в дома ни.

Вече бях съвсем готова и продължих с плановете си да се преместя сама в щата Аризона.

С Ками бяхме приятелки от 1992 г., когато провеждах стажа си в колежа. Ние двете с нея винаги бяхме поддържали близки отношения, дори и след като тя се беше върнала в Аризона. Можехме да си говорим почти за всичко, но в същото време познавахме границите помежду си. Ками беше единственият човек, който беше в течение на истинските борби, през които преминавах. Тя също беше самотна майка и знаеше от собствен опит какво предизвикателство е това.

Ками ми оказа подкрепа и ми вдъхна увереност в себе си. Тя ме наричаше „моята малка Ерин Брокович". Дори ми се обади, когато излезе филмът, и каза:

- Трябва да го гледаш, Делиша, той толкова много ми напомня за теб.

Тя дори ме накара да обещая, че ще го гледам. И когато го направих, побеснях, защото не виждах себе си по този начин.

Не се обличах като героинята, която не се притесняваше сутиенът ѝ да се вижда от всички. А и даже не бях излизала с моторист през живота си.

Но много често образът ни в огледалото бива толкова изкривен, че сме неспособни да видим в какво сме се превърнали. През по-голямата част от живота си аз съм била твърда, подозрителна, гневна, склонна към емоционални изблици и манипулираща. Може би малко си приличахме с Ерин.

Но казах на Ками:

- Хей, какво ти става, аз не съм като Ерин Брокович!

А тя отвърна:

- Защо ми се ядосваш толкова? Това си е комплимент.

- Комплимент? – учудих се аз.

- Да, Делиша, ти си най-силната жена, която съм виждала през живота си. След всичко, което си преживяла и въпреки всичко, ти продължаваш да преодоляваш препятствията. Трябва да направят филм за живота ти.

Казах ѝ, че през последните 6 години съм започнала да пиша книга. Тя реагира така:

- Ами направи го - имаш страхотна история, красива си, образована. Ще стане бестселър!

Еха, какъв почитател имах в лицето на Ками. Всички ние се нуждаем от приятели като нея, които да умеят да повдигат духа ни. Думите ѝ ме накараха да се почувствам знаеща и способна. А най-хубавото беше, че тя познаваше моето истинско „Аз" и ме ценеше, и ми се възхищаваше въпреки всичко.

Тогава осъзнах, че нито дрехите, които Ерин Брокович носеше, нито мъжете, с които се срещаше, са напомнили на Ками за мен. Стената е била общото между нея и мен. Осъзнах, че стената, която бях издигнала около себе си за своя защита, не позволяваше и на стойностни хора да влязат в живота ми. Точно като във филма. Единствените хора, които допусках в живота си, бяха тези, на които мислех, че мога да помогна.

Дай на всеки, който ти поиска; и не искай обратно от този, който ти го отнема[6] (Лука 6:30).

Когато даваме на нуждаещите се, те ни се отблагодаряват с признателност. А всеки желае признание. То ни помага да си изградим самоуважение, което е чудесно.

Но когато бях в обратната ситуация и аз самата търсех помощ, като че ли получавах само отхвърляне. След като няколко пъти си протягал ръка за помощ, но са те плесвали през нея, накрая спираш да го правиш и изграждаш невидими защитни стени около себе си.

Ще Ви дам един съвет – никога, ама наистина никога не се занимавайте с напушен човек. Именно в такива ситуации би трябвало да се заобикаляте със защитни стени и то наистина големи!

Тази седмица „нормалният Майк" ме молеше да му дам още една възможност, обещавайки, че ще откаже дрогата.

---

[6] Превод на изд. *Верен*, 2002 г. - б. пр.

След това осребри чек от 1800 долара. О, парички и дрога, еха! Предполагам, сещате се какво се случи след това. „Напушеният Майк" реши, че не го е грижа за нищо, освен да си набави още крек. И така, той взимаше все по-големи дози. А трябва да Ви кажа, че дрогата никога не му стигаше.

Докато Майк си седеше на горния етаж, пушейки лулата си с крек, аз натоварих целия микробус с багаж, грабнах малката си чихуахуа Салса и скочих на шофьорската седалка. Майк излезе и попита:

- Къде си тръгнала?

- Към Аризона – казах аз. - Чао!

Завих към улицата и отпътувах. Какъв проблем можеше да има - аз бях изминавала тези 8000 км. и преди.

Първото ми спиране беше на един къмпинг преди границата с Канада. Със Салса разпънахме палатка в онази вечер, но преспахме там само една нощ. На следващата сутрин пак тръгнахме. Стигнахме до Сиатъл за около пет дни. Със Салса преспахме само в още един къмпинг, понеже се страхувах прекалено много и ми беше твърде студено, за да разпъвам отново палатката. Макар и Салса да беше добър малък пазач, тя не беше подходяща за опазване от мечки и „вълци".

Докато влизах в Сиатъл, се изненадах до каква степен съм изтощена. Аз току-що бях изминала 3500 км., шофирайки през планинската Аляска и дивата част на Канада. Дъждът плющеше по предното стъкло, а аз изглежда не маневрирах добре в натоварения градски трафик. В крайна сметка от 1990 г. бях живяла в Аляска, където има само една магистрала за влизане и излизане. А сега беше 1997 година.

Следващата ми спирка трябваше да е някой хотел. Проснах се напреки на леглото в една мрачна хотелска стая в Сиатъл. Не можех дори да помръдна - толкова бях изнемощяла. Не бях спала от няколко дни. Когато мобилният ми телефон иззвъня, се обади Майк!

-   Къде си? – попита той. – Опитвам се да се свържа, но телефонът ти беше изключен.

-   Да, току-що го включих да се зарежда.

-   Знаеш ли колко се притесних, докато те търсех? Опитах се да те настигна, преди да преминеш границата с Канада. Дори наех частен самолет да ме закара до там. Но когато пристигнах, хората от къмпинга ми казаха: „Да, видяхме я, помним я, пътуваше с малко черно чихуахуа"; „Да, опакова си нещата и си тръгна тази сутрин".

Майк каза, че трябва да взема друг самолет обратно за Анкъридж. Мислеше си, че може би ще се върна при него. Аз отвърнах със сънен глас:

-   Майк, няма да се върна. На континента съм вече. Намирам се в Сиатъл, щата Вашингтон, в един хотел. В началото на 48 улица. Тъкмо си лягам. Смазана съм от умора. Защо не си ми повярвал, когато ти казах, че си тръгвам?

Не изчаках отговора му и в същия момент прекъснах този разговор с думите:

-   Не мога да говоря сега, трябва да поспя.

Той започна да ме умолява:

- Моля те, скъпа, обичам те, съжалявам за всичко. Ти си най-хубавото нещо, което някога ми се е случвало. Знам, че сгафих. Моля те, само ми позволи да долетя до Сиатъл и да поговорим.

Аз отвърнах:

- Моля те, трябва да поспя, наистина съм изцедена.

Изключих телефона и заспах.

След това разбрах, че Майк ме търси от летище Сиатъл. Не можех да повярвам. Казах му:

- Виж какво, няма да идвам да те посрещам на летището! Аз съм си в стаята и спя - изтощена съм от това шофиране!

Той хванал такси за хотела.

След това се съгласих той да ме закара в щата Аризона, откъдето щеше да хване автобус до дома на родителите си в щата Тексас.

Жените имат право да си променят решенията

Толкова добре се разбирахме по време на пътуването и на няколкодневния ни престой в хотел "Сикс Флагс" в щата Калифорния. Времето беше доста приятно: +24°C, като за „Добре дошли!" от Канада и Аляска. Не се бях чувствала толкова добре от доста време.

А и това бе първият път, когато бях без децата, които иначе зависеха от мен. Бях свикнала ежедневно да се грижа за четири момчета. Липсваха ми, но наистина се нуждаех от това време без тях, за да преосмисля всичко.

Усилията на Майк, изглежда, бяха искрени. Той каза, че в Тексас всичко ще е различно само ако му дам още една възможност. Даже даде обещание.

Винаги му казвах:

- Не ми обещавай нищо, ако не можеш да го изпълниш!

Винаги съм била на този принцип в общуването си с децата: „Ако ти обещая нещо, ще мина през огън и вода, за да го изпълня". Не обичах чувството, причинено от неизпълнените обещания. Като че ли отдаваш на някого надеждите и мечтите си, а той ги пренебрегва с лека ръка. Губиш уважение към този човек, понеже думите му не означават нищо! Винаги съм искала децата ми да ме уважават и да знаят, че думите ми имат стойност. Това ниво на доверие е нещо, което човек си спечелва с течение на годините. Взаимната коректност в отношенията ми с момчетата бе създала специална връзка помежду ни. Всеки, който общуваше с нас, я забелязваше.

Дадох му още една възможност и повярвах на обещанията му. Но предполагам, че разбирането на Майк за „обещание" беше по-различно от моето. Наехме една къща в Сан Антонио. Докато аз се опитвах да намеря своя път в този град, Майк се мъчеше да си намери нов наркопласьор. Не след дълго отново пушеше крек, но поне не продължи с обичайните си изпълнения – да ме буди по всяко време на нощта и да ме обвинява, че му изневерявам.

Как се случи тази внезапна промяна ли? Тя се дължеше на това, че аз реших да не си лягам да спя, докато той е вкъщи. Мотаех се около него в работната стая, за да знае, че не правя секс с някого в спалнята. Просто си седях и го гледах как обикаля насам-натам, влизайки и излизайки от стаята и от банята, халюцинирайки, пушейки цигара след цигара и пиейки бира след бира, нощ след нощ...

Завръщане на момчетата у дома – 1998 год.

Пръв се завърна Пейтън след лятната си ваканция, готов да започне новата си учебна година. След това се обади Джейсън и ми обясни, че нещата не вървят добре у Ерик и че той също иска да дойде при мен в Сан Антонио. Малко след пристигането на Джейсън и Брайсън се обади, като се оплакваше от същия вид проблеми, които аз бях имала с Ерик в миналото. Брайсън ми разказа как баща му пиел алкохол и често буйствал заради дреболии като нечий косъм в гребена му например. Брайсън каза:

- Веднъж, когато беше ядосан, татко ми каза, че когато ме поглеждал в очите, виждал единствено майка ми. Че съм приличал изцяло на теб и той ме мразел заради това. А в следващия момент се държеше като някой „татко на годината". Като че ли го обичах и го мразех в същото време. Поведението му е объркващо и лицемерно.

Разбирах точно какво искаше да каже синът ми – то беше като описание на целия ми живот.

Когато пристигнах на автогарата, Брайсън вече пресичаше улицата с раница на гърба си. Изглеждаше като малък войник, но сразен малък войник. Докато той се приближаваше до микробуса ми, едва разпознах собствения си син. Но определено видях съкрушеното му, смачкано изражение. Сълзи изпълниха очите ми и започнаха да се стичат по лицето ми. Мислех си: „Какво е станало с детето ми?". Изпитал е какво е да живееш с насилник, това е станало. Насилник, когото обичаш и от когото очакваш също да те обича.

Връзката между момчетата и мен стана още по-силна след тези събития, защото те вече знаеха истината за миналото. Преди бяха преценявали ситуациите единствено по нечии думи. Сега вече имаха информация за психическия и физическия тормоз както от втора ръка, така и от първа ръка – от самото бойно поле.

Ако светът ви мрази, знайте, че преди вас Мен е намразил (Йоан 15:18).

Преместване в провинцията – 1999 г.

С момчетата бяхме на неделна обиколка с колата, когато попаднахме на малка къщичка, обявена за продажба. Тя имаше нужда от доста подобрения, но аз веднага я пожелах. Исках да си имаме собствен дом. Исках да дам на децата си дом и корени в някоя общност, така че да може те да растат, чувствайки принадлежност към определено място. И така, преместихме се в провинцията, в новата ни малка къщичка. И първото нещо, което направих, беше да си купя още един кон!

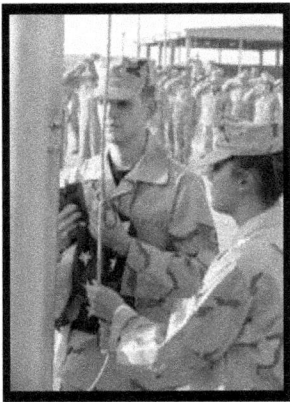

А Джейсън отиде да служи във Военновъздушните сили на САЩ.

Не можах да присъствам на церемонията по завършване на основното образование на Джейсън - бях се върнала в Аляска, за да приключа обучението си в колежа. Но успях да присъствам на дипломирането му в Академията за огнеборци към базата „Гуудфелоу" на Военновъздушните сили в западен Тексас. През онзи уийкенд Майк се държа по възможно най-добрия за него начин. Той дори закачи на Джейсън пожарникарската си значка на церемонията по дипломирането му. Майк бе служил като пожарникар във Военновъздушните сили, така че жестът му означаваше много за Джейсън.

Прекарахме си страхотно, като поплувахме в езерата и басейните и обиколихме военната база.

Убедих се, че Джейсън е станал различен човек през последната година. Вече не беше моето срамежливо момче. Сега служеше във Военновъздушните сили на САЩ и беше станал огнеборец. Вече имаше самоличност и цел в живота си. Той също така притежаваше чувство за принадлежност към средата си. Сега той имаше солидно семейство от военни и организирани системи за подкрепа, които да го направляват по пътя му. По това време и Брайсън се присъедини към армията. Така вече имах двама сина, които служеха в Армията на Съединените щати.

Като гръм от ясно небе – 2000 г.

По това време отидох да посетя Джейсън в базата. Въпреки че той беше вече млад мъж на 19 години, все още исках да го държа под око: проверих вещите му и погледнах дали има нужда от нещо. Мисля, че точно в този момент той ме помоли да отида с него на пазар. Каза ми:

- Мамо, имам нужда да ме научиш как да разпределям парите си, когато пазарувам храна. Винаги си била много добра в това.

Не зная със сигурност, но ми се стори, че той се опитва да ме накара да се чувствам винаги полезна и все още нужна. Ходих няколко пъти на пазар с него в местния военен супермаркет. След това той каза, че вече може сам да го прави.

Докато бях там, Джейсън извади военната си лична карта. Забелязвайки това, казах:

- О, вече имате различни карти за самоличност?

- Даа - отговори Джейсън и ми подаде картата си.

Той ми показа новата си снимка и ми разясни последните технологични промени на военните карти. Докато продължавахме да вървим през базата, не можех вече да чувам какво ми казва Джейсън. Сякаш времето спря и всичко наоколо замръзна. Сърцето ми започна да бие лудо, като че ли получавах сърдечен удар. Спрях се, втренчих се в Джейсън и казах:

- Мисля, че са сбъркали нещо на картата ти.

- Какво? – попита той.

Посочих върху картата му:

- Това не е твоята кръвна група. Ти си от моята кръвна група - А положителна, а не нулева положителна.

Той се съгласи и каза:

- Добре, ще им кажа да я сменят.

- Може да поискаш да те изследват наново, за да я проверят пак за по-сигурно.

Имаше вероятност да греша. След това продължихме с другите си планове.

През останалата част от деня аз бях в пълен шок - мислено си задавах въпроса: „Ами ако 20 години съм живяла в лъжа? **Възможно ли е Джейсън наистина да е син на Глен, а**

не на Ерик? До каква степен това би разстроило всички ни?".

Започнах да си правя равносметка за всички онези години, в които се опитвах да остана с Ерик въпреки насилието и то заради семейството! Всичко е било напразно! Продължих да си задавам въпроси и накрая стигнах до заключението, че щях да имам избор дали да напусна Ерик, ако знаех това тогава.

Всички тези догадки изглеждат толкова ненаучно сега, когато вече масово се използват ДНК тестове в подобни ситуации. Но през 1981 година все още не съществуваха такива. Тогава бащинството се определяше само от изследване на кръвна група и от това на кого прилича бебето. Винаги съм смятала, че Джейсън прилича на Ерик и на мен. А и бях сигурна, че Джейсън е от моята кръвна група.

Накрая се опитах да успокоя мислите си, като си повторих старата истина: **„Не можеш да върнеш времето назад и да промениш миналото си, но можеш да промениш бъдещето си"**. Казах си също, че през 1981 г. толкова много исках бебе, че наистина нямаше значение кой е бащата на Джейсън – аз го обичах и той беше мой син.

А и ако се запитам: „Бих ли променила това?", отговорът определено би бил: „НЕ!". Така че ако Джейсън е син на Глен, нека бъде така. Проведох разговор с Майк за това и той ме посъветва:

-   Остави го това, няма нужда да се ровиш толкова, само объркване всяваш.

Аз отвърнах:

-   **Не! Синът ми заслужава да знае кой е истинският му баща.**

А и без това Ерик не участваше много в родителските грижи.

Трябваше да представя този факт на Джейсън в перспектива, така че той да може да го разбере. **А не исках да му отнемам нещо, без да му дам друго в замяна.**

Трябваше да намеря Глен. Поразрових се в Интернет и след няколко дни открих човек с такова име във Флорида. Не знаех дали това е той, но му написах кратко писмо по електронната поща, което изглеждаше горе-долу така:

Здравей, Глен,

Ако си този Глен, когото търся... който живееше в Аляска, в базата „Айълсън" на Военновъздушните сили в началото на 80-те... Аз съм Делиша и трябва да говоря с теб.

Само след няколко дни вече приказвах с Глен по телефона. Беше невероятно, че го открих толкова бързо.

Обясних му: „Може би съм грешала досега, че Джейсън е от моята кръвна група - във ВВС са казали, че неговата е нулева положителна". Тогава Глен отговори:

-   Знаех си, че той е мое дете - и моята кръвна група е нулева положителна.

Казах му, че ще уведомя Джейсън за това на следващия ден и че ще поддържаме връзка. Обадих се на Джейсън и го попитах дали си е сменил личната карта, а той ми съобщи:

-   Мамо, в клиниката казаха, че след повторното изследване резултатът е същият — от нулева положителна кръвна група съм.

- Добре, може би грешката е моя – съгласих се аз.

Решихме да се видим. Тогава щях да му кажа.

Живели в заблуда

В този ден седнахме с Джейсън.

- Джейсън, помниш ли деня, когато се разхождахме и ти казах, че личната ти карта е сгрешена?

- Да, помня – каза той.

Е, трябва да ти задам един въпрос. Ако си осиновен, би ли искал да ти го кажа? А би ли искал да срещнеш истинските си родители?

- Да, бих искал – увери ме той.

- Нека тогава предположим, че Ерик те е осиновил. Това би означавало, че той не е истинският ти баща.

От очите ми закапаха сълзи, докато мълвях:

- Толкова съжалявам... Наистина не знаех... Просто не знаех... През всичките тези години мислех, че кръвната ти група е същата като моята. Но искам да знаеш, че се свързах с Глен, а той се развълнува и иска да се запознае с теб.

Опитах се да изрека всичко по възможно най-бързия начин, за да може той да разбере. Скъпоценният ми син въобще не ме осъди, нито ме упрекна. Той просто ме прегърна. Утеши ме, виждайки, че не е лесно за мен да направя тази изповед.

Желанието ми беше Джейсън да проумее, че той е бил истински желано бебе (за което се бях борила), а не просто някаква грешка от извънбрачна връзка. Той продума:

- Разбирам, мамо. Знаеш ли, аз също нямам търпение да се запозная с Глен.

Най-накрая ДНК тестът потвърди бащинството на Глен.

Минаха няколко месеца и Глен изпрати на Джейсън самолетен билет, за да му отиде на гости в гр. Орландо, щата Флорида. Пътуването минало много добре. Знаех, че съм взела правилното решение да кажа истината на Джейсън. Да, осъзнавах, че съм сгрешила с тази връзка. Но тогава бях едно осемнадесетгодишно, физически малтретирано момиче, което търсеше утеха. А резултатът от тази извънбрачна връзка беше един чудесен млад мъж - Джейсън. Не можех да продължавам да се самобичувам за някаква си връзка от преди 20 години, за която вече се бях покаяла и молила Бог за прошка.

Понеже всички съгрешиха и не заслужават да се прославят от Бога (Римляни 3:23).

Част V

Булка по принуда – 2000 г.

Настъпи петата годишнина от началото на връзката ни и Майк си спомни обещанието ми да се омъжа за него, ако сме още заедно. Последното, което исках, беше да се омъжа за наркоман. Исках да се отърва от тази връзка. Проблемът беше, че в щата Тексас вече ни смятаха за женени. Ако човек живееше с някого от 6 месеца в Тексас, го считаха за семеен. Това означаваше, че Майк може да вземе половината от цялата ми собственост. Бях се трудила прекалено много, за да му позволя да се дрогира на мой гръб. Това не биваше да се случва.

И така, брачната церемония се състоя. А след няколко месеца подадох молба за развод. Обясних на съдията, че сме били женени само за няколко месеца, както и че той е наркоман. Съдията разреши развода, а аз си запазих имуществото. Да, знам, че постъпката ми изглежда коварна, но се борех срещу сатанинските атаки на пълния хаос. Трябваше да опазя децата си и себе си.

Когато признаем конкретни свои грехове пред Бог, както и че се нуждаем от малко любов, милост и помощ да преодолеем всичко, тогава започваме да живеем свободно в светлината на нашия Господ. Без страх от наказание и чрез истината, че Бог ни обича въпреки греха ни. Когато се покаем, грехът губи напълно силата си над животите ни. Майк беше добър, работлив и сериозен човек, който много държеше на семейството си. Никога не ме удари, нито ми изневери, но за съжаление беше наркоман. Аз живях с него 6 години, опитвайки се да му помогна и да спася нашето приятелство. Но беше очевидно, че той няма достатъчо сили да се пребори с кокаина. Пристрастяването към наркотиците/алкохола е един истински ад, но не само за пристрастения. Съпругата, семейството и приятелите му също са въвлечени в някакъв безкраен кръговрат от тормоз (физически и психически) и покаяние. Ако обичате някого, който е пристрастен към алкохол или наркотици, и знаете дълбоко в себе си, че той никога няма да се опита да ги откаже или пък всички негови опити да спре са били напразни, Вашият единствен изход е да си тръгнете. Като изключим многото сълзи, разводът беше спокоен. Майк си тръгна и никога не се опита да ме дебне, изнудва или да ми досажда. Това беше краят.

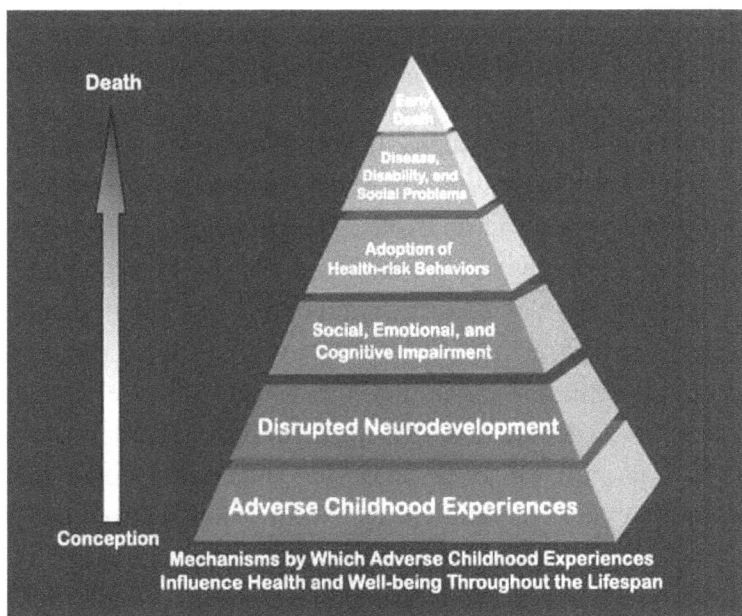

Death

Early Death

Disease, Disability, and Social Problems

Adoption of Health-risk Behaviors

Social, Emotional, and Cognitive Impairment

Disrupted Neurodevelopment

Adverse Childhood Experiences

Conception

Mechanisms by Which Adverse Childhood Experiences Influence Health and Well-being Throughout the Lifespan

Лечение на травмата и изцеление

Хората откликват по различни начини на еднократно травматично събитие или повтарящи се такива чрез широк спектър от физически и емоционални реакции. Няма погрешни или правилни начини на мислене, чувства или реакции вследствие на травмата. Така че не осъждайте собсвените си реакции или тези на другите. Вашите реакции са такива на нормален човек, сблъскал се с ненормално събитие. За да оздравеете от психологическата и емоционалната травма, Вие трябва да се изправите пред непоносимите чувства и спомени, които сте потискала толкова дълго. В противен случай те ще се завръщат отново и отново, нежелани и неконтролируеми. Лечението и оздравяването от травмата включва **преосмисляне** на спомените и чувствата, сввързани с травмата. Отървете се от напрежението, което постоянно Ви притиска. Научете се да регулирате силните си емоции. Изградете или възстановете свои способности, които Ви позволяват да повярвате в хората отново.

А на оцелелите от травми, които четат тази книга, нека кажа: Вие сте проявила голяма смелост. Смелостта не представлява отсъствие на страх. Направете *го*, каквото и да е то, докато се страхувате, и страхът ще изгуби контрол над Вас. Когато хората, на които сте се доверила, са Ви предали или наранили, мисълта да се доверите отново Ви плаши, сигурността Ви изглежда непостижима и Ви е трудно да съхраните надеждите си. Жертвите на тормоз често се чувстват безсилни. Но те не знаят, че това е нормална реакция в отговор на преживяното или видяното насилие. Малтретирането опустошава тялото и душата. Колкото по-продължително е то, толкова по-голяма е раната от него. Тормозът, под който живеем, се отразява на тялото ни, навлиза в порите и мускулите и се залепва за органите ни. Организмът ни става като съд, върху който се е отбелязала болката - той постоянно усеща заплаха, трепери и реагира на всичко, напомнящо му за насилието. Често разсъдъкът и логичната мисъл напускат тялото и го оставят да реагира само на опасността. Травмата разрушава самоуважението, способността ни да се доверяваме и да се чувстваме в безопасност. Впоследствие се появяват мъчителни и силни усещания на страх, ужас, шок, гняв, мъка, тъга, отвращение и срам, които могат да останат непреодолими. Кошмарите и спомените са често срещно явление. Нерядко хората се опитват да ги потиснат чрез някаква дейност, пристрастявания или развлечения. Травмата има много лица. Може да бъде причинена от един единствен инцидент: примерно сексуално нападение или пък ставане на неволен свидетел на насилие, предателство или внезапна загуба. Тук може да се включат и продължителни периоди на насилие в детството или излагане на нездравословна емоционална среда. Мълчанието, уединението и срамът са някои от осакатяващите последствия на травмата.

В резултат на травмата се разрушават взаимоотношения във времето, когато те са ни най-необходими. Естествен инстинкт е човек да иска да се оттегли и самозащити, когато се е сблъскал с враждебност. Също и когато е претърпял някаква загуба – животът понякога ни изправя пред подобни предизвикателства. Но все пак общуването с хората е от съществено значение за възстановителния процес.

Какво трябва да предложи една група за взаимопомощ

Сигурна група за взаимопомощ е тази, в която уважението, изслушването, съчувствието, взаимността са основа на подкрепящите взаимоотношения. Не очаквайте процесът да е лесен - той изисква посвещение както от пострадалия, така и от групата. Слушайте внимателно и разказите на останалите ще Ви въздействат благотворно съобразно Вашия собствен ритъм. Процесът на изцеление настъпва по различен начин за всеки пострадал. Но общуването е ключ към развиване на способностите, необходими за оздравяването Ви, за възстановяване на самоуважението Ви и за изграждане на здравословни и ненараняващи връзки, където чувствата са споделени. Божието Слово ни казва, че е добре човек да не е сам, защото, ако падне, ще има някой, който да му помогне да стане.

Като психологически консултант-християнин, който е бил на Вашето място, бих Ви посъветвала никога да не се подчинявате на съпруг насилник. Една християнска общност би трябвало да помогне на тези, които търсят помощ, за да оставят саморазрушителния, изпълнен с насилие начин на живот зад гърба си. Словото казва мъжът да обича жена си така, както Христос е възлюбил църквата и е предал Себе Си за нея. Такава любов е жертвоготовна – не е насилила никого да я приеме. Писанията още ни учат да се предаваме един на друг с любов. Никъде не е записано, че съпругът трябва да използва сила и контрол над съпругата си. Насилваната жена няма вина за извършеното над нея, тя не се е „провалила в подчинението" и не е неприлично да си търси правата. Насилникът е единственият отговорен за собственото си поведение. Вместо да съдят жертвата несправедливо, служителите и християнските съветници би трябвало да търсят начини, по които да я предпазват и да й помагат.

И вие, бащи, не дразнете децата си, а ги възпитавайте в Господното възпитание и наставление (Ефесяни 6:4 - превод на изд. *Верен* от 2002 г.).

Мъже, обичайте жените си и не бъдете груби с тях (Колосяни 3:19 - съвременен превод от 2004 г.).

Също и вие, мъже, живейте благоразумно, като с по-слаб съсъд с женския пол и им отдавайте почит като на сънаследници на благодатта на живота, за да не бъдат възпрепятствани молитвите ви (1 Петрово 3:7).

Предизвикателството на едно запознанство по интернет

През 2000 г., след развода ми с Майк, разбрах, че някои бракове се провалят без възможност за връщане назад. Това е особено характерно в случаите, когато децата са били обект на малтретиране и насилие. Много е трудно да се прости напълно, когато човек още страда от болката и мъчението. Но с времето и с Божията помощ настъпва възстановяването. Покаянието и прошката са процес. И определено прошката не е развносилна на забравата. Има уроци в живота, които трябва да научим „от ръката" на някой друг. Но и прошката не означава, че трябва да вярваме на насилника. Можем да простим на някого, без да се поставяме отново в положението на жертва. Любовта, както и прошката, са постижими. Простила съм на всичките си насилници. Да, на всички до един. Те не ме контролират повече, но все пак човек трябва да се пази. Поддържам или минимален контакт с тях, или никакъв.

Кой би помислил, че ще потърся сродната си душа по интернет? Знаех какво правя. Синът ми Джейсън беше този, който ми отправи предизвикателството да поема този риск.

Той ме научи на всичко, което сега знам за компютрите. Бях от поколението, завършило училище, преди компютрите да навлязат в класните стаи. Колкото и забавно да звучи, ние още използвахме елетрически пишещи машини.

И така, в онзи момент, когато на умния ми син Джейсън му хрумна блестящата идея да си направя профил онлайн, най-сетне усетих как облаците в живота ми бавно се разсейват.

-   Какво онзначава „профил"? – попитах го аз.

-   Чуй, мамо, всички правят така. Това е най-новият начин за запознанства, така че е време и ти да влезеш в час.

И само след миг той ми показа как работят сайтовете за запознанства на несемейни, регистрира ме и дори качи една моя снимка. Това беше странно за мен, но в същото време и интересно.

- Значи мога да търся в базата данни и да разгледам профилите на стотици мъже, без дори да излизам от къщи, така ли?

- Да! – отвърна Джейсън.

- Добре.

Нямах никакво желание да обикалям баровете за несемейни, а и вече бях отвикнала да ходя по срещи. Животът ми с четирмата ми бивши съпрузи ми бе предостатъчен. Аз съм нещо повече от серийно моногамен човек, така че този вид запознанства щеше да ми свърши чудесна работа в онзи момент.

Запознах се онлайн с няколко души, с които започнах да общувам. Да, дори се научих да изпращам **мигновени съобщения, ха-ха.** Много беше забавно; интересно е как човек може да общува с хора от цял свят. Един ден си говоря с някого от дадена страна, а друг ден - с човек от друга държава.

Това ми хареса: не беше задължително да се свържа с човек, на когото съм случайно попаднала в магазина например. Интернет ми отвори вратите към много повече възможности: започнах да действам, като се регистрирах в няколко сайта за запознанства. Смятах, че това ще ми помогне в конкретното търсене. Ориентирах се към сайтове, които са най-вече с християнска насоченост.

Някои хора биха ме попитали дали не ме е страх от запознанствата по интернет. Бих казала, че знам повече за мъжете, с които съм се запознала онлайн, отколкото за тези, които съм срещала по клубовете. Мога да потърся имената им в Гугъл и да намеря почти всичко за тях. И естествено, виждам се с тях на обществени места, като вземах нужните предпазни мерки. Срещнах се с много интересни хора, но ограничих търсенето си до „просто така, да се запознаем". Не бях отчаяна. Забавлявах се с търсенето на партньор, като същевременно държах на решението, инстинкта и здравия си разум.

След повече от година получих имейл от един българин, който пишеше:

Здравей,

Казвам се Илия и съм от Пловдив, България. Видях профила и снимката ти и реших да ти пиша. В САЩ съм от 12 години и живея в Солт Лейк Сити, Юта. Много бих се радвал, ако ми отговориш, когато ти е удобно.

Илия

Прочетох това писмо в ден, в който определено не ми се пишеше, **така че направих нещо, което рядко... не, по-точно никога не бях правила – отговорих му със следната кратка бележка:**

Илия, благодаря ти за писмото. Защо просто не ми се обадиш? Номерът ми е ....

Делиша

На следващия ден едно от кученцата ми, порода чихуахуа, бе блъснато от кола и почина. Много се разстроих и когато седнах пред компютъра разплакана, видях, че съм получила съобщение от Илия:

Здравей, Делиша,

Опитах се да ти се обадя, но вероятно не си вкъщи. Ще пробвам пак по-нататък тази седмица.

Илия

Отговорих на това писмо така, като че ли използвам писането, за да се разтуша от неприятната случка. Дори не го познавах, а написах със сълзи на очи:

Здравей, Илия,

Сърцето ми днес е наранено и плача, защото една кола отне живота на кученцето ми. Тя беше едва на 7 месеца, а вече толкова се бях привързала към нея. Сега трябва да ставам, защото сълзите ми не секват.

Делиша

Той отговори почти веднага на писмото ми по следния начин:

Делиша, съжалявам за смъртта на кученцето ти. Знам, че изпитваш дълбока болка.

Илия

Тези думи говореха много за човека, който ги беше написал: можех да почувствам състраданието му към загубата ми. На следващата вечер той ми се обади. Когато чух дълбокия му глас и сладкия му акцент, просто знаех, че на телефона е **той**.

Съдейки по снимките, които ми беше изпратил, по външност приличаше на нещо средно между младия Робърт Дениро и Антонио Бандерас - каква късметлийка бях! Но все още нямаше да позволя тази мисъл да завладее ума ми. Както казах, **нямаше да правя компромиси със списъка си с неприемливи качества.** И когато за пръв път говорихме по телефона, се изразих твърдо и решително: „Знаеш ли какво, няма да увъртам относно убежденията си или начина си на живот, искам да кажа - защо да си губя времето?". Бяхме в късните си 30 години. Защо да се занимавам с някого, с когото нямам нищо общо? Впоследствие започнахме да си споделяме какво конкретно търсим в един бъдещ партньор.

Ето няколко прости въпроса, които доста двойки никога не си задават, но които могат да помогнат при определяне на съвместимостта между партньорите:

✓ Искате ли деца?
✓ Какъв е начинът Ви на живот или какъв бихте искали да е? Каква религия изповядвате?
✓ Къде искате да живеете?

- ✓ Имате ли желание да станете втори родител?
- ✓ Употребявате ли наркотици?
- ✓ Пиете ли? Ако отговорът Ви е „Да", какво количество?
- ✓ Пушите ли?
- ✓ Колко важна е моята или Вашата кариера за Вас?
- ✓ Какви са хобитата Ви?
- ✓ Защо избрахте мен за контакт?

След този телефонен разговор бях убедена, че Илия е мъжът за мен! Между нас веднага протече химия! Просто разбрах, че той е човекът. Не се бях чувствала така при нито едно от другите ми запознанства през последните 2 години. Хората ми казваха, че съм прекалено придирчива. (Това наистима много ме разсмива!)

От този момент нататък говорехме с часове по телефона, до късно през нощта, а понякога и докато се съмне. След имейлите продължихме със съвременните любовни писма, което си беше нов начин на романтично ухажване. Това беше времето, през което научих повече за него. Бих искала да споделя с Вас за средата, в която е расъл съпругът ми. В дома му е нямало насилие, а е имало принципи. Той никога не е имал ужасяващи или травматични преживявания през детството си. Това му е позволило да си изгради положителни възгледи за всяка област от живота, с която се е сблъскал по време на растежа и развитието си. Родителите му са очаквали децата им да са отличници в училище и това е било постигнато. Мисля, че е имал малък проблем с изобразителното изкуство. Никак не умее да рисува. Но да се върнем на въпроса. Сега, когато вече сме в края на книгата, разбираме, че определено съществува връзка между домашното насилие и много от останалите проблеми в живота. Илия ясно изразява какво мисли. Децата, живеещи в домове с тормоз, често са твърде изплашени и се смущават да говорят. Съпругът ми е имал дълбокомислени разговори и с двамата си родители. В сърцето му няма потиснат гняв. Семейството му е посяло в подсъзнанието му нетленно наследство, в което няма болка и емоционални проблеми, нито трудности в общуването с другия. А това, мила приятелко, е безценно.

Разбрах, че Илия произхожда от музикално семейство като мен. Баща му е бил конферансие в България. Самият Илия също беше музикален – свирел е на китара, като при изпълнението на българска и гръцка народна музика е проявявал особени заложби. Когато се събираме да пеем и свирим заедно, се получава едно добро звучене в комбинация с южняшкия ми глас.

Когато е бил на 18 години, е служил две години в българската армия. Това е било преди прехода от комунизъм към демокрация в България. Дошъл е в Америка през 90-те години на миналия век и е живял първо в Ню Йорк Сити, а след това се е преместил в Солт Лейк Сити, щата Юта.

Първата ни среща наживо беше след 18 дни. Беше изминал 1500 мили за среща с мен, без въобще да ме е виждал! Това наистина се случваше! И двамата признахме, че в началото сме били скептични, че ще намерим любовта по Интернет, но не можеше да се отрече връзката, която бяхме изградили помежду си.

Незабавното действие е най-ефективното лекарство срещу скептицизъм. И двамата се изправихме срещу страховете си и приветствахме въможността, която имахме.

Синовете ми и приятелите ми признаха, че това е нещо много специално, още повече че всички те бяха в ресторанта с фотоапарати в ръце за първата ни среща.

Седнах в едно сепаре до прозореца, за да мога да го видя как идва – толкова беше вълнуващо. И ето го, минава покрай ъгъла, облечен с червено-бяло спортно яке. За мен нямаше игрички и всичко беше ясно, защото беше истинско. Забързах се към вратата на ресторанта и загледани един в друг, разбрахме, че сме намерили любовта. Дойде ред на първата ни целувка и фотоапаратите започнаха да щракат. Около нас се бяха събрали всички, сякаш бяхме стари любовници, които са се съединили отново в блаженство, когато всъщност вече *ни беше ясно, че се обичаме дори преди да сме се видели.* Беше онова познато чувство: вътрешното усещане, че трябва да поемем по този път. Понякога, когато в живота ни дойде нов човек, веднага разбираме, че той е трябвало да се появи точно тогава...

Никога не знаем кой може да е той, но когато го погледнем, в същия момент разбираме, че личността му ще повлияе на живота ни по някакъв дълбок начин. Той беше всичко, за което бях мечтала - най-накрая срещнах мъж, който би ме обичал такава, каквато съм.

И така, този заклет български ерген щеше най-накрая да се ожени на 38-годишна възраст за една американка от Юга - и двамата бяхме с минало, което подтикваше към размисъл. Организирахме обикновена, но красива сватба в Лас Вегас, щата Невада.

Един от най-сладките коментари, които е правил съпругът ми за мен:

Твоето минало те е превърнало в жената, която обичам днес, и не бих искал да е по какъвто и да било друг начин.

Това е хубавата страна на живота. Живот, изпълнен със смисъл и удовлетворение. Живот, който не е бил лишен от трудности и проблеми. Разбира се, че не. Но такъв живот е зареден със силата да преодолява предизвикателствата и да постига победа при всякакви обстоятелства. По пътя ни има причини и следствия. Избрали сме да се ръководим от определена ценностна система и жизнени принципи, които сме черпили от различни източници. Това ни помага да се развиваме и да запазим едно положително и щастливо отношение. Изглежда този мисловен модел ни дава удивително надмощие над обстоятелствата.

Искате ли да намерите истинското щастие? Поемете риск! Мислете прогресивно! Използвайте интуицията си! Бъдете изобретателни!

Запомнете: животът е много кратък. Днес човек е на 16 години, след това става на 22 с три деца до себе си. След това 20-те му години са излетели, отворили пътя на 30-те, после става на 42, 52, 62...

Когато човек е млад, не му се вярва, че ще остарее. Приема за даденост младостта с мисълта, че тя ще трае вечно, но не е така! Не позволявайте на никого да Ви отнеме скъпоценното време тук на земята, защото часовникът тиктака и никога не можете да си върнете младостта. Осъзнавайки това, Илия и аз решихме да направим едно пътуване до Европа, за да може той да ме представи на семейството си. И Пейтън дойде с нас. Беше страхотно. Когато пристигнахме в България, цялото семейство на Илия ни посрещна: Ели (майка му), Диана и Весела (сестрите му), Константин (племенникът му). Илия и Петър носеха красиви български традиционни пити. Дойдоха с пет или шест коли, за да ни докарат до Пловдив. Прекарахме в България няколко седмици. Пътувахме и до Турция, за да видим църквата „Света София".

Междувременно Пейтън беше поканен на турне в Анталия, Турция, за да участва в едно шоу. Мисля, че се казваше „МТВ България". Вече веднъж го бяха канили да участва като модел, но в този случай предаването приличаше повече на риалити. Каза, че пътуването е било интересно и че трябва да го повторим.

При всяко наше завръщане в България имахме страхотни преживявания с българите. Мисля, че българите са най-гостоприемният и очарователен народ. Много ми хасресаха посещенията на манастирите, историческите забележителности и нововъведенията, които правеха България специална. Трудно ми е да кажа какво харесах най-много. На Слънчев бряг беше красиво, но селата докоснаха сърцето ми по един особен начин. Добротата беше нещо, което не бях срещала досега в живота си. Макар че по това време Пейтън беше на 20 години, много му хареса да се разхожда по селските пътечки, да бере свежи череши направо от дърветата, докато покрай него през целия ден профучаваха галопиращи коне, теглещи каруци. Това беше първото ни преживяване в

България. Вече планирахме завръщане през следващата

година, най-вече Пейтън.

Истинските мъже уважават жените

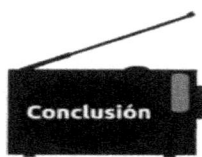

Conclusión

Заключение – 2005 г.

Ако четете тази книга заради това, че някой, когото обичате, е преживял насилие, бих искала да завърша с оптимизъм, защото след болката идва радост. Липсата на трудности или проблеми не ни носи радост. Тя идва, след като се научим да водим битка като деца на вечния Бог, съзнавайки, че нищо не може да ни унищожи, защото имаме вечен нов живот. Научете се да живеете живот, изпълнен с радост - това ще го превърне в едно вълнуващо приключение независимо от мрачните долини, през които трябва да преминем. Радостта се състои в преживяването да изпълняваме Божията воля, преминавайки през обикновеното ежедневие. В резулат на това животът става хубав и изпълнен с тази радост.

Как се излиза от порочния кръг на насилието? Като отворим очите си за красотата на света. Потискането притъпява сетивата. Съзнателно допуснете в ума си щастливи мисли. Упражнявайте тялото и съзнанието си. Житейските проблеми се решават в ума и затова той трябва да е жив и изпълнен с енергия.

Страховете също са лесно разпознаваеми. Ако се справяме с тях един по един решително и смело, ще видим как те се смаляват и стават все по-незначителни. Вярата е лекът срещу страх. Използвайте утвърждаващи думи. Закачете си листчета с такива думи над огледалото или кухненския мивка и ги използвайте като ежедневни противодействащи средства срещу страха.

Един от любимите ми стихове в Библията е в Псалми:

Ще Те славя, защото страшно и чудно съм направен; чудни са Твоите дела и душата ми добре знае това .[7]

Отново допуснете тази мисъл в съзнанието си си, отворете сетивата си за Божията любов. Толкова ли е трудно да повярвате в това? Знаете ли, че тялото Ви е създадено по чуден начин с преплетените в него ДНК и милиарди други клетки? Да, Вие сте проектирани по чуден начин от Бог, с Когото всички копнеем да общуваме. Нека чрез живота си да служите на Бог. Нека чрез този живот отразявате едно дълбоко духовно събуждане. Английската дума *ентусиазъм*[8] произлиза от гръцката *ентеос*, която означава *Бог в теб* или *изпълнен с Бог*. Така че това, която тя означава всъщност, е, че Бог в нас ни е дал мъдростта, смелостта и вярата, които са необходими, за да се справим успешно с всички трудности. Всеки проблем

---

[7] Псалм 139:14 – б. пр.
[8] Както и българската – б. пр.

съдържа в себе си семената на разрешението. Защото потиснатостта притъпява усещанията Ви. Добре е умишлено да допускате щастливи мисли в ума си и да практикувате това съзнателно...

Съпротивете се на поражението! Продължете напред с увереност, постоянство и сила.

Край

За автора

Делиша Доон е американски психологически консултант, писател, политически активист и лектор. В момента живее в източен Тексас със съпруга си. Винаги е била творческа, артистична и духовна натура, страстна радетелка за човешки права и свободи. Голям привърженик е на разнообразните гледни точки и подходи спрямо даден проблем. Смята се за благословена, понеже е открила своята цел в живота и има ясно виждане за това как може да използва уменията и талантите си, за да служи на човечеството. Има няколко степени от различни образователни институции. Една от тях е по *Психологическо консултиране, социални услуги и социология* от Университета на щата Аляска в гр. Анкъридж. В този курс е изучавала най-задълбочено следните области: семейство и младежи, пристрастявания. Допълва обучението си в сферата на психологията в Държавния колеж „Томас Едисън" в гр. Трентън, щата Ню Джърси. Дипломира се като лицензиран консултант по зависимостите от психотропни вещества (L. C. D. C.I) и като квалифициран личен съветник в областта на психичното здраве в щата Тексас. Опитът също е бил неин велик учител.

Заповядайте да поговорим в интернет : deliciadawn@yahoo.com

https://www.facebook.com/deliciadawnauthor

https://www.facebook.com/BulgarianBooksEbook/

https://www.facebook.com/groups/207932962613250/

www.ingramcontent.com/pod-product-compliance
Lightning Source LLC
Chambersburg PA
CBHW051942090426
42741CB00008B/1239